"十三五" 国家重点出版物出版规划项目

中国经济治略丛书

住房公积金支持住房消费的政策效应评价研究

Study on the Evaluation of the Policy Effect of
the Housing Provident Fund Supporting Housing Consumption

陈梦凯　著

中国财经出版传媒集团

经济科学出版社
Economic Science Press

图书在版编目（CIP）数据

住房公积金支持住房消费的政策效应评价研究/陈
梦凯著．—北京：经济科学出版社，2021.12
"十三五"国家重点出版物出版规划项目
ISBN 978 - 7 - 5218 - 3355 - 3

Ⅰ．①住…　Ⅱ．①陈…　Ⅲ．①住房基金 - 公积金制度
- 研究 - 中国②住宅消费 - 研究 - 中国　Ⅳ.
①F299.233.1②F299.233.5

中国版本图书馆 CIP 数据核字（2021）第 267422 号

责任编辑：王红英　汪武静
责任校对：徐　昕
责任印制：王世伟

住房公积金支持住房消费的政策效应评价研究
陈梦凯　著

经济科学出版社出版、发行　新华书店经销
社址：北京市海淀区阜成路甲 28 号　邮编：100142
总编部电话：010 - 88191217　发行部电话：010 - 88191522
网址：www. esp. com. cn
电子邮箱：esp@ esp. com. cn
天猫网店：经济科学出版社旗舰店
网址：http://jjkxcbs. tmall. com
北京季蜂印刷有限公司印装
710 × 1000　16 开　12.75 印张　230000 字
2021 年 12 月第 1 版　2021 年 12 月第 1 次印刷
ISBN 978 - 7 - 5218 - 3355 - 3　定价：50.00 元
（图书出现印装问题，本社负责调换。电话：010 - 88191510）
（版权所有　侵权必究　打击盗版　举报热线：010 - 88191661
QQ：2242791300　营销中心电话：010 - 88191537
电子邮箱：dbts@ esp. com. cn）

前　言

　　"有恒产者有恒心"，解决居民住房问题是群众生活和谐、社会稳定的保障。住房公积金作为我国最重要的政策性住房金融制度，在推动住房市场化发展、提高职工住房消费水平等方面发挥了重要作用。然而，随着经济的快速发展，住房公积金支持住房消费的政策效应依然饱受争议，甚至有人提出应当废除住房公积金制度。在新时代的住房需求下，提高对住房消费的支持力度是住房公积金改革的重要内容，也是解决居民住房问题的重要任务。

　　本书聚焦住房公积金对住房消费的支持效应评价，基于对公共政策评价相关理论和住房公积金支持住房消费的内涵剖析，以有效性和公平性为评价标准，构建了"事实维度—形式维度—价值维度"的多维度评价框架。基于事实维度，本书从宏观城市层面实证分析了住房公积金支持住房消费的政策有效性和城市差异；基于形式维度，本书从微观个体层面分析了住房公积金对资源配置的机会公平性和规则公平性；基于价值维度，本书从微观个体层面分析了住房公积金支持住房消费行为和提高支付能力的结果公平性。基于实证分析的结果，本书结合系统优化的思想从宏观和微观角度分别对提高政策有效性和公平性进行了政策模拟。

　　本书研究结论有以下四点。第一，从事实维度来看，住房公积金对提高住房支付能力的有效性明显但存在城市差异，支持效应总体表现为"强者恒强"。贷款额度与房价的关系是有效性的重要影响因素。第二，从形式维度来看，住房公积金制度设计对资源配置的公平性需要客观评估。有限的制度参与扩大了缴存职工和非缴存职工在购房时的收入差距，住房公积金存在机会不公平，"限高保低"的制度设计能够减缓缴存职工购房时资源配置的不公平，制度设计的规则是公平的，但前提是缴存职工贷款机会均等。第三，从价值维度来看，政策效应的结果不公平对住房公积金的社会价值带来挑战。住房公积金对低收入职工的支持力度有限，却促进了高收入职工的住房投资和购房年轻化，进一步分析发现，同质化的信贷政策无法满足当前经济社会的发展需求。第四，政策模拟发现，住房公积金政策调整对解决北京、上海、深圳、厦门等大城市职工的住房自有问题依然充分性不足，提取住房公积金支付房租能够提高职工当期租房消费水平，住房公积金的金融功能对支持长期租房融资效应更为明显。扩大住房公积金覆盖面能够从参与机会的角度提高资源配置在全体城镇职工中的公平性；向低收入职工"特惠"的差异化贷款政策有利于提高政策效应的结果公平性。

基于以上研究结论，本书给出的政策建议有以下五点。第一，客观看待住房公积金的政策效应。政府部门应重点关注住房公积金制度设计的合理性与现实效应的差异，引导社会公众对住房公积金有一个合理的认知。第二，因城施策开展制度的顶层设计。强化住房公积金对中小城市职工住房自有的支持效应，探索住房公积金对大中城市长期租赁住房消费的融资支持。第三，探索基于收入差异的贷款政策。根据职工收入水平设定差异化的贷款条件和门槛，对低收入缴存职工实行定向优惠的制度设计。第四，扩大住房公积金的制度覆盖面。将重点人群瞄准存在住房困难的中低收入职工，不断提高住房公积金对住房困难职工的支持力度。第五，提高职工缴存周期内的福利水平。成立由中央统筹的政策性住房金融机构，在风险管控的前提下允许对资金的多元化投资组合。

　　本书可能的创新有以下三点。第一,综合考虑了政策的实施过程、制度机制和实施结果,构建了住房公积金支持住房消费的多维度评价框架,弥补了现有研究评价体系的不足。第二,定量测算了住房公积金提高支付能力的政策有效性和城市差异,从资源配置的角度考察住房公积金的制度公平性,揭示了住房公积金贷款的同质化和机会不均等是制度可持续发展的主要挑战。第三,模拟了住房公积金因城施策解决居民住房自有和租房消费的可能路径,探索了通过差异化信贷政策提高政策公平性的可能方案,为住房公积金制度改革提供定量参考。

CONTENTS 目录

第 1 章

绪　　论

首先，本章介绍本书的研究背景，并分别从政策内容、宏观城市层面、微观个体层面以及制度改革需求等方面提出了本书的研究问题并阐述了研究意义；其次，结合相关研究问题介绍了本书的主要研究目标、相应的研究内容以及相关的研究方法；最后，介绍了本书的技术路线和具体章节安排。

1.1　研究背景、问题提出和研究意义

1.1.1　研究背景

（1）解决居民住房问题是新时代中国社会发展的重要任务

"有恒产者有恒心"，解决居民住房问题是群众生活和谐、社会稳定的保障（陈杰，2019；王先柱等，2020）。国务院发展研究中心"中国民生调查"课题组通过对全国31个省（区、市）开展的民生调研发现，居民对家庭生活的主要关切点中住房排在第三位，仅次于收入和医疗；对于"家庭消费支出压力最大的是什么"的回答中，租房家庭和有住房贷款的家庭将住房支出视为家庭最大的消费支出压力。同时，调研结果还发现房价过高、住房面积小、建筑年代久远和小区设施落后也是居民最关切的问题（国务院发展研究中心中国民生调查课题组，2018）。显然，解决住房问题不仅是居民安居乐业的先决条件，更是经济社会健康发展的重要基石。

总体来看，自20世纪80年代的住房制度改革以来，我国房地产市场经历了40年的繁荣与发展，城镇居民的住房水平得到了很大的提升。从

人均住房建筑面积来看，国家统计局数据显示，2018 年我国城镇居民人均住房建筑面积达到 39 平方米，比 1978 年增加 32.3 平方米；从住房供给水平来看，1978 年我国城镇住宅存量 14 亿平方米，2017 年年底住宅存量达到 267 亿平方米（陈杰，2019）。总体而言，我国住房短缺的情况基本得以摆脱（王先柱等，2020）。

然而，当前我国住房矛盾已从当初的供不应求转为不平衡不充分的结构性问题。一方面，2015 年以来，我国房地产市场迎来了密集的调控，但高房价、高投资和结构单一等顽疾并未得到根治。此外，从区域差异来看，我国住房市场发展的不平衡不充分问题依然严峻（黄燕芬等，2018）。另一方面，房价快速上涨、中低收入人群支付能力不足以及住房不公平等问题仍然是目前我国居民面临的主要困境。与此同时，商业性住房供给为主、保障性住房供给短缺的住房供给矛盾也进一步加大了中低收入人群的"住有所居"困难（刘洪玉，2017）。随着人们对美好生活的追求不断提高，中低收入人群支付能力不足依然是阻碍"住有所居"目标实现的重要障碍之一（赵奉军和高波，2018）。

党的十九大报告明确了中国特色社会主义进入新时代的关键时期，"坚持房子是用来住的、不是用来炒的定位"，"建立多主体供给、多渠道保障、租购并举的住房制度，让全体人民住有所居"，这是新时代解决居民住房问题的重要指导思想。《中华人民共和国国民经济和社会发展第十四个五年规划和 2035 年远景目标纲要》再次明确指出要"促进住房消费健康发展"。在此背景下，以"住有所居"为根本目标的新时代住房发展观变得清晰明朗，着力解决中低收入家庭住房问题是新时代中国社会发展的重要任务（张协奎和樊光义，2020）。

（2）住房公积金是支持居民住房消费的重要金融政策

为了解决居民住房问题，自住房改革以来，我国逐步形成了供给导向型和需求导向型的公共住房政策（刘洪玉，2011）。供给导向型的住房政策又称为"生产者补贴"，是指在政府干预下通过降低住房的建造成本，从而面向特定群体提供低租金或低价位的住房，主要包括经济适用房、公共租赁住房、共有产权房等；需求导向型的住房政策又称为"消费者补贴"，是指通过降低居民在住房消费时的融资约束等方式，从而提高其住房消费意愿和能力，最具代表性的是我国的住房公积金制度。

住房公积金制度的建立是我国住房改革进程中的一个里程碑事件（汪利娜，2016）。住房改革后，为应对建设资金不足和居民支付能力低下等问题，我国在借鉴新加坡中央公积金的基础上，于 1991 年在上海试点住房公积金制度并取得了成功（Chen and Deng，2014）。实施当年，住房公积金归集资金达 4.53 亿元，发放 0.44 亿元住房贷款。1994 年，国务院颁布了《国务院关于深化城镇住房制度改革的决定》，住房公积金在全国推广。经过 30 年的发展，住房公积金成为我国最重要的住房金融制度，同时也是世界上规模最大的政策性住房金融（Chen and Deng，2014；Yang and Chen，2014；陈峰，2019），可以从以下三点看出。

一是住房公积金制度的参与规模不断增加。根据《全国住房公积金 2019 年年度报告》统计，近年来，全国住房公积金缴存职工数量稳步增加，制度的覆盖面和资金规模不断扩大。截至 2019 年末，全国共设有住房公积金管理中心 341 个，缴存职工 1.489 亿人，累计归集资金 16.96 万亿元，缴存余额 6.54 万亿元（见图 1.1）。

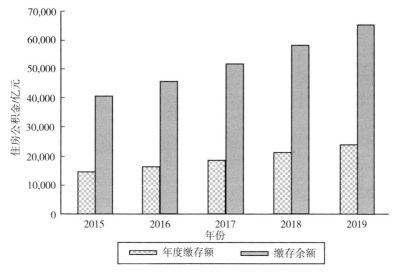

图 1.1 2015 ~ 2019 年全国住房公积金资金归集情况

资料来源：住房和城乡建设部、财政部、中国人民银行联合发布的《全国住房公积金 2019 年年度报告》。

二是住房公积金的提取规模不断上升。住房公积金的提取可分为住房消费提取和非住房消费提取。根据《全国住房公积金 2019 年年度报告》统计，近年来住房公积金提取额不断上升。2019 年，住房公积金缴存额 23,709.67 亿元；全年住房公积金提取人数 5,648.56 万人，提取额 16,281.78 亿元；其中，住房消费提取依然是住房公积金提取中最重要的组成部分，占提取总额的 80% 以上（见图 1.2）。

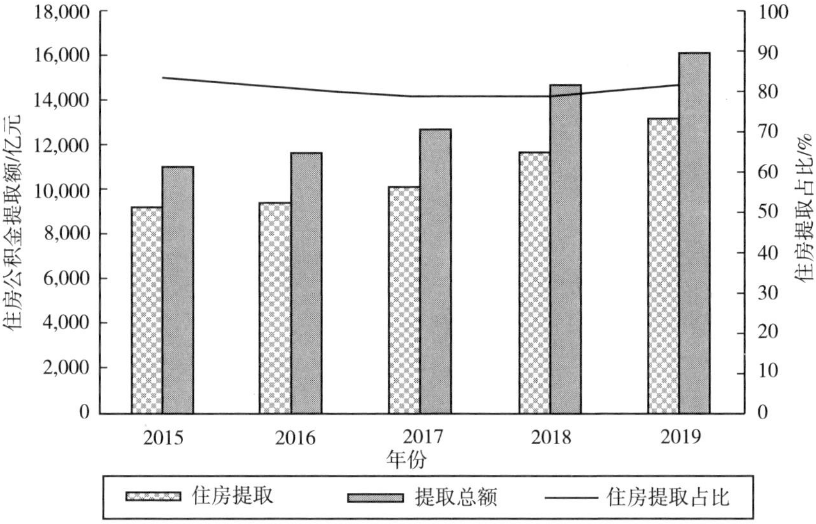

图 1.2 2015～2019 年住房公积金提取情况

资料来源：住房和城乡建设部、财政部、中国人民银行联合发布的《全国住房公积金 2019 年年度报告》。

三是住房公积金贷款支持住房消费的力度不断增强。与商业抵押贷款不同，住房公积金提供的低息贷款是其最重要的住房支持工具之一。如图 1.3 所示，近年来住房公积金贷款余额不断增加，个人住房贷款率[①]均在 80% 以上，住房公积金对职工购房的支持力度不断提高。2019 年，发放个人住房贷款 286.04 万笔，发放金额为 12,139.06 亿元，住房公积金成为支持职工住房消费的重要金融政策之一。

（3）提高住房消费支持力度是住房公积金改革的重要内容

住房公积金制度是一个多部门参与、具有多重委托代理关系的复杂系统。如图 1.4 所示，该系统包含了资金归集、资金使用、资金增值、风险管控等多个方面。在政策的实施过程中，住房公积金会对不同的参与主体带来不同的政策效应。然而，从本质上说，职工是住房公积金制度最直接的参与者和受益者。《住房公积金管理条例》明确了提高居民居住水平是住房公积金的根本目标。从制度设计的内在机制来看，住房公积金制度是通过对缴存职工的金融支持以提高其住房消费水平，其资金归集、资金使用、风险管理、

---

① 个人住房贷款率指年度末个人住房贷款余额占年度末住房公积金缴存余额的比率。

资产配置、机构设置等各方面的制度设计均是为了提高职工住房消费服务。

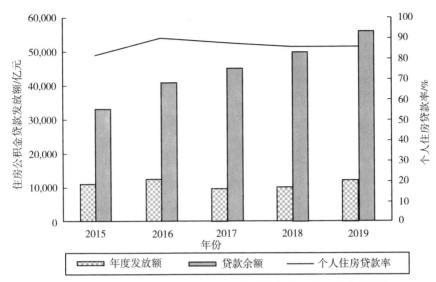

图 1.3 2015～2019 年全国住房公积金贷款发放和个人住房贷款率

资料来源：住房和城乡建设部、财政部、中国人民银行联合发布的《全国住房公积金 2019 年年度报告》。

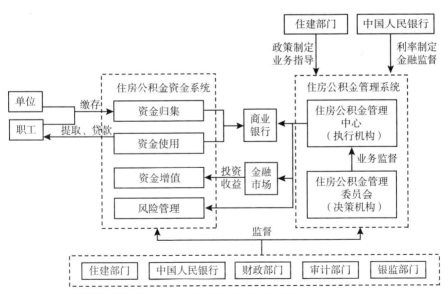

图 1.4 住房公积金运行系统

资料来源：笔者绘制。

　　住房公积金制度是在"房改缺钱"的背景下建立的，其初衷是通过建立强制性、互助性的基金来提高职工的住房消费水平（吴义东等，2020）。但随着经济社会的快速发展，住房公积金制度所面临的时代背景与主要任务已经发生了巨大变化。住房公积金制度的互助性、保障性功能日益衰减，与市场经济的大环境和支持更多城镇居民的住房消费目标越来越难以相容。特别是目前住房供给和需求不平衡不充分的背景下，如何充分发挥住房公积金的政策性住房金融功能，提高职工的住房消费能力已成为住房公积金制度改革的重要落脚点。

　　事实上，住房公积金的改革一直是社会关注的焦点。第一种观点认为住房公积金是特定阶段的产物，现在已经完成了其历史使命，应该退出历史舞台（佟广军，2014；陈友华，2014；革昕等，2017）。第二种观点认为住房公积金在支持住房消费过程中存在不公平以及政策效果有限等制度弊端，其改革之路任重道远（徐跃进等，2017；李运华和殷玉如，2015；殷俊和彭聪，2014；王先柱和吴义东，2017）。第三种观点认为住房公积金增加了企业负担，不利于实体经济的持续发力（Li，2010；Yeung and Howes，2006；革昕等，2017）。部分学者建议将住房公积金管理中心改革为国家住房银行（王先柱和年崇文，2018；蒯庆梅等，2015；黄燕芬和李怡达，2017）。

　　2020年2月，新冠肺炎疫情对我国企业发展产生了巨大冲击。黄奇帆在《新冠肺炎疫情下对经济发展和制造业复工的几点建议》一文中建议通过取消住房公积金制度来为企业降低成本。2020年4月，黄奇帆发表文章《改革现行住房公积金制度，为发展企业年金奠定充实基础》，其中建议将住房公积金转变为新的企业年金制度。而反对废除住房公积金制度的声音认为，住房公积金目前依然是支持住房消费最有力的金融工具，在没有出现有效替代方案的前提下应该考虑如何有效地进行改革（刘俏和张峥，2020；郑秉文，2020）。2020年5月18日，《中共中央　国务院关于新时代加快完善社会主义市场经济体制的意见》明确了要改革住房公积金制度。

　　作为我国最重要的政策性住房金融制度，住房公积金未来的改革取向可能会牵动近1.5亿缴存职工的切身利益，其支持住房消费的政策效应提高关乎住房需求结构的变化、关乎群体之间住房消费能力的变化、关乎"住有所居"目标的实现，同时也是构建房地产长效机制的重要组成部分。

　　虽然目前住房公积金的改革需求已然明确，但是其改革的历史进程仍然较为缓慢。2015年中华人民共和国国务院法制办公室就《住房公积金管理条例（修订送审稿）》公开征求意见，但至今仍未有正式的结果说明。2020

年12月，住房和城乡建设部党组书记、部长王蒙徽撰写的《实施城市更新行动》中明确指出要改革完善住房公积金制度。《住房公积金管理条例》规定，住房公积金的目的是提升城镇居民居住水平。在新时代住房需求的背景下，如何完善住房公积金的政策性住房金融功能，提高住房消费的支持力度，强化对中低收入群体的住房保障，是住房公积金制度改革的本质需求。

1.1.2 问题提出

在30年的发展历程中，《住房公积金管理条例》虽然几经修订，但是以"强制缴存""低存低贷"等为核心特征的政策内容一直保持不变。由于住房公积金制度所面临的时代背景与主要任务已经发生了巨大变化，特别是在"以人为核心"的城镇化背景下，住房公积金在支持住房消费方面的政策效应具体如何，我们到底需要一个什么样的住房公积金制度才能够为提高住房消费健康发展提供助力、为满足居民日益增长的美好生活需要提供支撑，仍然有待深入探讨。

为此，本书提出以下研究问题，相应的逻辑思路如图1.5所示。

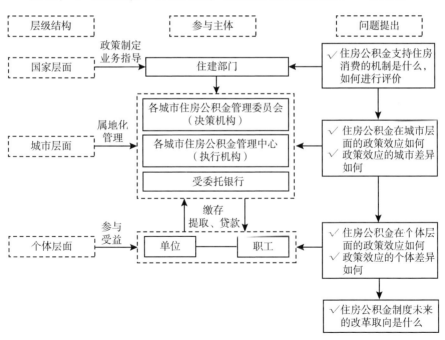

图1.5 本书问题提出的主要思路

资料来源：笔者绘制。

　　从国家层面来看，国家住建部门是住房公积金相关政策的制定者和具体业务的指导者，负责《住房公积金管理条例》的编制和改革方向的调控。然而，当前社会各界对住房公积金制度的争论让我们不得不重新审视住房公积金在支持住房消费方面的政策效应；就政策内容而言，当前住房公积金制度支持住房消费的内在机制是什么？这个问题是分析住房公积金对住房消费支持效应的基本支撑。因此，首先，本书要解决的问题是识别住房公积金通过哪些机制对住房消费产生效应；其次，从评价体系来看，在社会各界对住房公积金制度各抒己见的背景下，如何构建一个多维度的政策效应评价框架，客观全面评价住房公积金制度的政策效应，这也是本书研究的重点内容。

　　从城市层面来看，我国住房公积金制度实行属地化管理。从管理层级来说，住房公积金是在中央政府统筹指导下由各城市负责自主决策、自主管理、自主运行。各城市可根据本地住房公积金归集使用情况以及房地产发展水平自主设定住房公积金的缴存、提取和贷款条件。然而，当前我国城市经济和房地产市场发展水平存在显著的差异，各城市住房公积金制度（如贷款额度的设定）也差异明显。在当前属地化管理的模式下，住房公积金在各城市中的政策效应如何？是否存在城市差异？从城市层面测度住房公积金的政策效应能够定量地反映其政策效果，并通过对城市差异的分析，从而为住房公积金制度改革提供可能的参考。

　　从个体层面来看，住房公积金制度最终的落脚点在于缴存职工。成立住房公积金制度的目的是提高城镇居民的居住水平，缴存职工是住房公积金的参与者也是受益者。对于一项公共政策而言，其根本目的在于通过合理的制度设计实现政策目标。那么，从微观个体层面来看，住房公积金在个体中的政策效应如何？对住房消费的支持效应是否存在个体差异？这个问题是从宏观层面进一步聚焦于微观个体，探讨微观个体能否均等地获得住房公积金的支持效应。在此基础上进一步分析目前住房公积金制度的政策效应与现实挑战。

　　从制度改革需求来看，提高住房公积金对住房消费支持效应的可能路径有哪些？这个问题着眼于现实需求，是上述研究问题的最终落脚点。模拟仿真是公共政策领域新兴的重要研究方法，基于上述研究发现，通过仿真可视化的方法为住房公积金制度改革提供量化依据具有十分重要的现实意义。

1.1.3 研究意义

（1）理论意义

①有助于为后续研究提供理论框架

本书将结合公共政策评估的思想和住房公积金的具体内涵，从"事实维度—形式维度—价值维度"构建了住房公积金支持住房消费政策效应的评价框架，全面剖析住房公积金的相关理论基础和支持住房消费的具体路径，并构建多维度的指标体系作为评价支撑，有助于为后续研究提供基础。

②有助于进一步丰富现有研究成果

本书拟从城市层面构建住房公积金的综合数据库并进行政策有效性定量测度，能够弥补现有文献在宏观层面研究的不足。从微观个体层面分析住房公积金的制度设计在个体之间的资源配置过程，研究政策结果在群体间存在的差异并进一步对制度设计的内容与现实的差异进行剖析；在相关研究发现的基础上围绕住房公积金制度的改革需要进行优化模拟，进一步拓宽现有研究的视野，为现有研究注入新的思路。

（2）实践意义

①有助于强化公众对住房公积金的认知度

住房公积金作为一项公共住房政策无疑是关乎民生的重大问题，是社会公众密切关注的话题。然而，由于信息获取渠道、技术分析等方面的原因，公众对住房公积金难以有全面的认知，社会舆论往往容易受到极端观点的误导。基于对全国数十个省份的公开调研数据，王先柱和吴义东（2017）发现公众对住房公积金的认知水平有限且群体差异明显。本书通过对住房公积金支持住房消费效应进行多维度的研究，将有助于提高公众对住房公积金更为全面和理性的认知能力。

②有助于为住房公积金改革提供政策参考

当前，完善和改革住房公积金制度以及"住有所居"的住房发展目标已然明确，而制度改革的核心是全面客观地明晰其在支持住房消费中的具体效应及存在的问题。本书拟结合相关实证发现提出住房公积金改革的方案设计，并从定量的角度对可能的政策调整进行政策模拟，将为我国住房公积金制度改革提供相应的实践参考。

1.2 研究思路和研究内容

1.2.1 研究目标

住房消费是指住房消费主体为实现居住需求，通过收集、使用和消耗物质资料的行为（吴良国和李永周，2013）。广义的住房消费是指为了实现居住需求而发生的一切与住房相关的消费活动，包括住房购买、住房租赁、住房维修、住房装修等。狭义的住房消费往往是指住房购买和住房租赁，也是当前住房研究领域最常用的界定方法（林蒙丹和林晓珊，2020；赵卫华和郝秋晨，2019；黄静，2017）。

就住房公积金的使用渠道来看，住房公积金主要通过支持职工获得自有产权住房消费（如购买住房时提取住房公积金偿还住房贷款）以及租赁住房消费来实现支持效应。一方面，通过一定的制度设计支持职工住房购买是住房公积金制度设计的核心目的。在我国传统思想的影响下，通过市场购买渠道获得自有产权住房依然是"有恒产"的直接体现（赵奉军和邹琳华，2012；王先柱等，2017；Zhang et al.，2019）。另一方面，虽然目前住房公积金支持租房消费提取个人账户资金，但租房消费提取并没有参与资源的配置过程。此外，租房消费所占比重十分有限。《全国住房公积金 2019 年年度报告》数据显示，租房消费提取仅占当年住房公积金提取总额的 5.76%。

因此，本书主要研究住房公积金对以住房购买为代表的住房消费的支持效应，住房公积金支持租房消费的内容将在政策模拟部分体现。

基于上述关于住房消费的概念界定，本书基于我国住房公积金的发展背景和制度设计内容，聚焦于支持住房消费这一住房公积金的本质，围绕"效应评价"这一出发点从宏观和微观的角度评价住房公积金支持住房消费的政策效应。具体研究目标主要包括以下四个方面。

第一，厘清住房公积金支持住房消费的理论体系并构建多维度的评价框架。明晰住房公积金支持住房消费的理论基础，结合公共政策评估的相关理论构建住房公积金支持住房消费的评估框架以及相应的测度指标，明确住房公积金通过什么方式支持住房消费以及如何评价的问题。

第二，从宏观层面分析住房公积金支持住房消费的政策效应，定量测度住房公积金对住房消费能力的提升水平以及是否实现了其政策目标，识别不同政策工具对住房消费的支持效应以及可能存在的城市差异，弥补现有文献从宏观层面研究的不足。

第三，从微观层面基于制度设计公平性和实际结果公平性的角度分析住房公积金对职工个体住房消费的支持效应，进一步厘清政策结果与制度设计之间可能存在的差异。

第四，以政策效应提升为目标，基于系统优化的思想针对可能的政策调整进行结果模拟，从定量的角度为住房公积金的改革提供依据。

1.2.2　研究内容

本书以住房公积金制度为研究对象，聚焦于住房公积金支持住房消费并进行效应评价。第一，在系统性梳理了公共政策评价的相关理论及标准的基础上，本书结合住房公积金的制度内容构建了基于"事实维度—形式维度—价值维度"的多维度评价框架和测度指标；第二，在事实维度方面，从宏观城市层面实证研究住房公积金在各个城市实施的政策有效性以及城市差异，分析就实施过程而言住房公积金对提高住房支付能力的政策实际效果与充分性；第三，在形式维度方面，在微观个体层面从机会公平和规则公平的角度实证研究住房公积金制度设计对资源配置的公平性；第四，在价值维度方面，从微观个体层面分析政策实施的结果公平性以及价值合理性；第五，以提高住房公积金在主要城市的政策有效性和缴存职工政策公平性为目标，对可能的政策工具进行优化模拟，以期为住房公积金制度的改革提供相应的参考依据。

具体而言，各研究内容之间的逻辑关系如图 1.6 所示。

第一，"住房公积金支持住房消费的理论基础和评价框架"（研究内容一）是本书的基础支撑，主要回答"住房公积金通过何种路径支持住房消费以及如何评价"的问题。

第二，基于城市宏观层面数据从事实维度实证检验"住房公积金支持住房消费的政策有效性"（研究内容二），主要回答"从城市层面来看住房公积金对住房消费支持的实际效果"以及"住房公积金实现其政策目标的充分性程度"的问题；进一步地，在研究内容二的基础上剖析"住房公积金支持住房消费的城市异质性"（研究内容三），主要回答"住房公积金政策效应在不同城市之间是否存在差异"的问题。

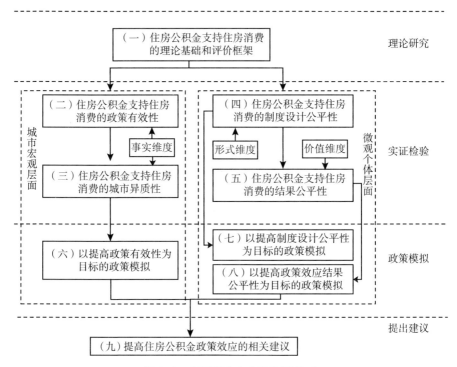

图 1.6   主要研究内容及逻辑关系

资料来源：笔者绘制。

第三，基于微观个体层面调研数据从形式维度实证检验"住房公积金支持住房消费的制度设计公平性"（研究内容四），主要回答"从资源配置的角度来看住房公积金制度设计在机会公平和规则公平方面是否合理"的问题；进一步地，在研究内容四的基础上从价值维度分析"住房公积金支持住房消费的结果公平性"（研究内容五），主要回答"住房公积金的制度设计与实际运行结果是否存在偏差"的问题。

第四，在上述实证分析的基础上，分别从宏观城市层面和微观个体层面开展"以提高政策有效性为目标的政策模拟"（研究内容六）、"以提高制度设计公平性为目标的政策模拟"（研究内容七）和"以提高政策效应结果公平性为目标的政策模拟"（研究内容八），主要回答"是否可以通过可能的调整进行政策优化"的问题。

综合以上分析，最终形成"提高住房公积金政策效应的相关建议"（研究内容九）。

1.2.3 研究方法

本书综合采用了定性分析、实证研究、政策模拟等研究方法从宏观城市层面和微观个体层面系统研究住房公积金支持住房消费的政策效应。

（1）定性分析法

定性分析法主要体现在以下四方面的研究内容中：一是基于政策归纳法全面梳理了住房公积金制度支持住房消费的政策演变历程，为本书的研究提供背景支撑；二是基于文献研究法整理了住房公积金支持住房消费的研究现状、研究热点和研究不足，为本书提供初步的方向参考；三是基于比较研究法剖析了国际上与住房公积金制度类似的政策性住房金融的主要内容及研究现状，对相关类似的住房储蓄制度进行了比较研究，为本书提供国际借鉴；四是基于理论分析法广泛梳理国内外关于公共政策评价理论、互助理论、强制储蓄理论、资源配置理论的主要内容和观点并进行综合比较，剖析住房公积金支持住房消费的具体机制并构建相应的评价框架及测度指标。

（2）实证研究法

实证研究主要体现在以下四方面的研究内容中：一是在第 4 章中综合运用城市宏观层面的多维度数据，从城市经济、房地产市场、住房公积金相关指标入手，基于公共政策评价中的"投射—实施后"比较法确定政策评价的总体思路和框架，定量测算住房公积金的政策实际效果及充分性；二是在第 5、第 6 章中基于统计分析、最小二乘法（OLS）、逻辑回归模型（Logit）等分析住房公积金制度设计的机会公平性、规则公平性和结果公平性；三是基于基尼系数模型进一步测算住房公积金制度设计中的规则公平性；四是在第 5、第 6 章中针对实证结果采用倾向得分匹配法（PSM）构建反事实框架，进行相关稳健性检验。

（3）政策模拟法

政策模拟是本书研究的重点之一。在前面章节研究结论的基础上进行相应的模型构建，并采用 Python 语言和 MATLAB 编程进行政策模拟：一是构建以提高主要城市职工家庭住房自有的模拟模型，模拟了可能的政策调整对住房自有的影响；二是进一步基于当前住房公积金支持租房消费的政策背景，构建了以提高主要城市职工家庭租房消费的模拟模型，模拟了住房公积金支持大城市职工家庭租房消费的可能路径；三是以提高住房公积金资源配置公平性为目标模拟了扩大住房公积金覆盖面对收入分配的影响；四是以提高中低收入职工贷款可得性为目标构建了模拟模型，并综合考虑了职工缴存周期内的相关指标的约束，模拟了提高住房公积金支持住房消费结果公平性的可能路径。

1.3 技术路线和章节安排

1.3.1 技术路线

本书的技术路线如图 1.7 所示，主要围绕"问题提出—研究梳理—理论分析—实证检验—政策模拟—政策建议"的思路展开。

1.3.2 章节安排

本书共分为 8 章。按照技术路线的研究思路，第 1 章为提出研究问题；第 2 章为研究综述；第 3 章为理论建构和评价框架；第 4 章、第 5 章、第 6 章为实证分析部分；第 7 章为政策模拟并提出相关政策建议；第 8 章总结本书的主要研究结论并进行研究展望。各章节的具体安排如下。

第 1 章为绪论。首先，本章阐述了在新时代住房需求和住房公积金改革背景下提高住房公积金政策效应的切入点，并提出了本书关注的研究话题；其次，对住房消费的概念以及政策效应的研究范围进行了界定；最后，介绍了本书的研究目标、研究意义、研究内容和研究方法等。

第 2 章为住房公积金支持住房消费的政策变迁与研究进展。首先，本章对住房公积金支持住房消费的制度演变历程进行了全面的梳理；其次，聚焦住房消费领域梳理了现有文献的研究进展并对比研究了与住房公积金制度类似的住房储蓄制度在国际上的实践经验；最后，对现有研究进行了评述。

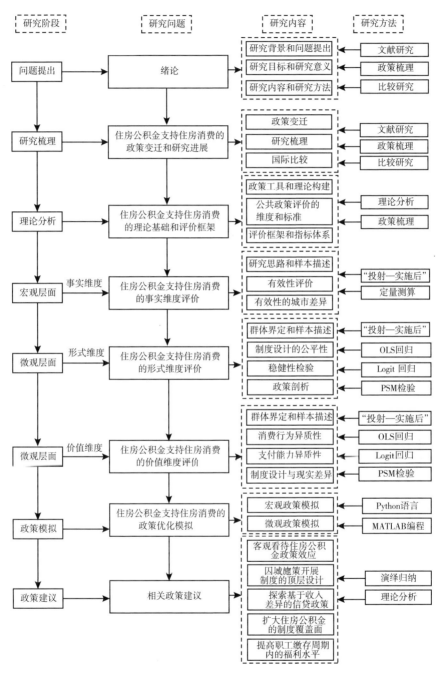

图 1.7 本书的技术路线图

资料来源：笔者绘制。

　　第 3 章为住房公积金支持住房消费的理论建构和评价框架。首先，本章从货币补贴、低息贷款、税收减免等角度分析了住房公积金支持住房消费的具体机制，并从互助理论、强制储蓄理论、资源配置理论等方面分析了相应的理论依据，在此基础上构建了住房公积金支持住房消费的理论体系；其次，梳理了公共政策评价的主要维度以及评价指标；最后，基于"事实维度—形式维度—价值维度"及有效性、公平性的评价标准构建了评价住房公积金支持住房消费的评价框架和测度指标，为下文的实证分析提供评价依据。

　　第 4 章为住房公积金支持住房消费的事实维度评价。本章构建了全国 271 个城市 2014～2018 年宏观城市层面住房公积金运行和房地产市场运行的数据库，定量测度住房公积金在各城市支持住房消费的政策有效性。首先，对本章选择的城市样本住房公积金运行情况、住房市场及信贷情况等指标进行描述；其次，基于"投射—实施后"比较法测度各政策工具产生的实际效果及实现政策目标的充分性；最后，分析讨论政策效应的城市差异及具体原因。

　　第 5 章为住房公积金支持住房消费的形式维度评价。本章从资源配置的视角切入，从微观层面考察住房公积金制度设计的机会公平性和规则公平性。本章的研究落脚于两大群体，一是全体居民（住房公积金缴存职工和非缴存职工），二是住房公积金缴存职工内部。首先，本章对群体界定进行说明，对研究所选择的样本进行描述；其次，基于计量模型实证检验住房公积金缴存者与非缴存者的个体差异，基于基尼系数和 RE 指数定量测算住房公积金制度对两大群体收入分配的影响并基于倾向得分匹配法（PSM）进行稳健性检验；最后，对相关研究发现进一步讨论并进行原因分析。

　　第 6 章为住房公积金支持住房消费的价值维度评价。本章基于第 5 章的研究结果进一步从住房消费行为和提高支付能力的角度讨论住房公积金对不同收入缴存职工支持效应的结果公平性。首先，本章将研究落脚于住房公积金缴存者内部，并对研究选取的样本进行描述；其次，从住房购买、住房投资、初次购房年龄等角度考察住房消费行为的群体异质性并进行稳健性检验；再次，从政策有效性的角度考察住房支付能力的群体异质性并进行稳健性检验；最后，对制度设计合理性与现实差异展开进一步讨论。

　　第 7 章为住房公积金支持住房消费的政策模拟。基于第 4 章、第 5

章、第 6 章的实证结果，本章从宏观和微观的角度考察可能的政策调整
对政策效应的影响并进行政策模拟。首先，在城市层面以提高主要城市
职工家庭住房消费水平为目标，从住房自有和租房消费的角度进行政策
模拟；其次，在微观个体层面以提高中低收入职工住房消费为目标，进
行住房公积金扩大覆盖面模拟以及生命周期视角下的缴存职工政策收益
优化模拟；最后，基于政策模拟的结果对住房公积金制度改革提出相关
政策建议。

第 8 章为主要结论和研究展望。本章先对本文的研究结论进行梳理和
归纳；然后总结本书可能的贡献与不足，并展望未来可能研究的方向。

第 2 章

住房公积金支持住房消费的
政策变迁与研究进展

首先，本章梳理了住房公积金自成立以来在支持住房消费方面的制度背景和政策变迁；其次，围绕推动住房改革、政策有效性评价、公平性评价和制度改革等方面对当前的研究进展进行了全面的分析；再次，对比分析了其他国家与住房公积金类似的住房制度的主要内容和研究情况，以期为本书提供相关的借鉴和参考；最后，本章对相关研究进行了评述，明确了本书的研究目标和方向。

2.1 住房公积金支持住房消费的政策变迁

在近 30 年的发展过程中，住房公积金制度几经变迁。现有文献按照住房公积金发展的时间顺序往往按照"初期探索、全面推进、完善发展"的逻辑关系对住房公积金制度的变迁路径进行分析（刘洪玉，2011；王先柱和年崇文，2018）。本书在时间脉络的基础上聚焦住房公积金制度的政策目标，以此梳理住房公积金制度从供给端融资向需求端支持的演变过程，进而可以窥视我国住房公积金制度改革的历程。

2.1.1 供给侧的住房融资渠道阶段

住房公积金作为供给侧的住房融资渠道阶段主要发生于 1991~1998 年。住房公积金制度于 1991 年最初在上海试点，最早的《上海市公积金暂行办法》形成了当前住房公积金制度的雏形。该办法明确了住房公积金建立的目的是推行住房商品化，建立由国家、单位和个人共同参与的筹资建设住宅的机制，同时提高职工解决自有住房的能力。该办法将住房公积金定义为一种义务性的长期储蓄资金，职工和单位均按照职工工资的一定比例缴存，两者缴存的资金均属于职工个人所有并存入个人的公积金账户，由指定银行负责办理归集与贷款业务。职工缴存的住房公积金可以免除个人所得税。在住房公积金参与者方面，该办法规定上海市城市常住人口中的国家机关、事业单位、国有企业的固定职工，签订劳动合同的工人，需参加住房公积金。在资金来源方面，该办法明确了住房公积金的资金由职工和单位共同承担。此外，该文件还对资金的使用限定于住房方面的消费，职工家庭在购买自住住房、自建自住住房等情况下，公积金缴存者可向住房公积金管理中心申请购房贷款，贷款额度一般不超过本单位名下职工住房公积金总额，并需按期偿还。

上海试点的住房公积金取得了很大的成功（陈杰，2010）。1991 年，上海市共归集 4.53 亿元资金，发放住房贷款 0.44 亿元（刘洪玉，2011）。随后，北京、南京、天津等大城市在上海市相关实践经验的基础上也纷纷试点住房公积金制度。1994 年国务院颁布的文件《国务院关于深化城镇住房制度改革的决定》充分肯定了住房公积金制度在住房市场化改革初期的作用，并要求住房公积金制度在全国推广。同年，中华人民共和国财政部发布《建立住房公积金制度的暂行规定》，成为第一个国家层面的规范文件。该文件指出，住房公积金是为了适应住房改革，形成稳定的住房资金来源，促进住房资金的积累和政策性抵押贷款制度的建立，转换住房分配机制，提高职工解决自住住房的能力。在《上海市公积金暂行办法》的基础上，该文件指出，住房公积金是职工的个人住房基金，专户储存、统一管理、专项使用。该文件总体上延续了《上海市公积金暂行办法》的相关规定，即规定单位和个人公积金的缴存比例分别为 5%。地方政府成立住房公积金管理中心和住房委员会，分别负责本地的住房公积金管理和决策。此外，从文件名可以看出，此时的住房公积金制度或该政策文件本身具有临时性，也可以认为住房公积金是推进住房改革过程的配套措施（刘洪玉，2011）。

根据住房公积金成立的背景和最初的制度内容可以看出，初期的住房公积金制度设计重点在于实现住房供给端的改革，归集居民与企业的资金用于住房建设和开发，住房消费并没有占据主导地位。具体而言，原来的单位统筹建设分配转变为筹集企业和个人资金共同用于住房开发，个人资金在住房的建设和消费中的重要性逐渐凸显。住房公积金成立之后，归集到的大量资金在解决政府住房投资不足的困难上发挥了重要作用，大大提高了住房供给水平。而当时对个人住房消费的支持力度较小，公积金的金融功能还没有得到充分的发挥。以上海市为例，1996 年，上海市共归集资金 114 亿元，为国有企业提供住房建设贷款 84 亿元，占住房建设总量的 1/4，而发放的个人购房抵押贷款仅 20 亿元（Zhang，2000）。

2.1.2　需求侧的住房金融支持阶段

住房公积金作为需求侧的住房金融支持发生在 1998 年之后。1998 年国务院发布的《关于进一步深化城镇住房制度改革加快住房建设的通知》，要求全面停止住房实物分配，这意味着住房福利分配的时代结束，住房商品化的时代开启（Gan et al.，2010）。该通知再次强调住房公积金的重要性，要求在职工个人和单位的缴存比例不得低于 5%，并要求地方政府提高公积金的归集范围。此外，该文件指出住房公积金是职工购房资金来源的重要渠道之一，并强调住房公积金贷款用于支持职工购买、建造、大修理自住住房，对适用范围进行了再一次明确。1999 年，在《建立住房公积金的暂行规定》的基础上，《住房公积金管理条例》正式发布，该条例为首部正式的全国范围内统一的住房公积金管理文件，该文件将住房委员会更名为公积金管理委员会。相比较于《建立住房公积金制度的暂行规定》，《住房公积金管理条例》中显著的变化有以下几个方面。首先，在住房公积金的资金用途方面，后者只强调住房公积金的目的是提高居民的居住水平，删除了关于住房建设资金的表述；其次，在资金来源方面，后者规定政府机关和事业单位的单位缴存部分从财政预算中支出，企业从成本中支出。这意味着住房公积金正式实现了住房由实物分配向货币化分配的转变。此外，该条例还对住房公积金的使用和贷款内容进行了更详细的规定，如贷款利率、贷款额度，意味着住房公积金的金融属性和对职工的住房支持作用得以更加重视。可以认为，该条例是住房公积金从支持供给端的住房建设到向支持需求端的住房消费的转折点。此后，住房公积金停止发放住房建设贷款，转为大量发展个人住房贷款。

《住房公积金管理条例》形成了当前住房公积金制度的蓝本，明确了住房公积金制度支持住房消费的金融属性，该内容也一直延续至今。虽然后期的住房公积金管理条例也经过修改，但以提高城镇居民居住水平和住房消费能力的核心目标没有改变，修订版的文件只针对住房公积金的管理机构、行政审批等略微进行了调整。例如，2002 年，《国务院关于修改〈住房公积金管理条例〉的决定》对拓宽住房公积金参与人群进行了修订，对管理委员会的成员组成进行了调整；2019 年，《国务院关于修改部分行政法规的决定》对住房公积金账户设立、取消等行政审批程序做了优化修改。

第一，在资金的使用范围方面，住房公积金是一种长期强制性的集体性住房储蓄资金，城镇的在岗职工均需参与。单位和个人需按照职工工资的一定比例缴存，这部分资金属于职工个人所有，但只能用于住房消费。当职工购买、建造、修理自住住房时，可以提取个人账户中的资金，并申请住房公积金贷款。住房公积金贷款利率较商业贷款利率低，但是作为低贷款利率的补偿，职工的个人储蓄金在账户中的存款利率也比市场存款利率低。

第二，在资金的管理模式方面，住房公积金实行属地化管理，各城市设立住房公积金管理委员会，负责住房公积金制度的决策和监督；成立住房公积金管理中心，负责住房公积金的具体运作。住房公积金管理委员会指定商业银行负责职工个人住房公积金账户的设立、存款、贷款等金融业务。

第三，在资金的保值增值方面，住房公积金的增值渠道主要来源于购买国债。住房公积金的业务收入包括国债的利息收入、借款人支付的利息以及资金在银行中存款的利息。业务支出包括向未提取使用住房公积金职工支付的利息以及向委托银行支付的代理费用。由此，业务收入减去业务支出的差便形成了住房公积金的增值收益。增值收益是一项专项使用资金，用途有三个方面，分别是用于建立住房公积金贷款风险准备金、住房公积金管理中心的管理费用和建设城市廉租住房的补充资金。

通过上述分析可以看出，一方面，随着住房市场化的发展，尤其是1998 年国家全面停止单位分房之后，私人房地产开发企业蓬勃发展加之银行信贷市场的不断发展，建设开发资金逐渐实现了市场化，私人房地产开发企业快速扩张。住房建设资金不足已经不再是当时中国住房的主要困难。然而，由于房价的快速上涨以及工资改革的缓慢，居民对商品房的购买能力不足的问题逐渐凸显，住房公积金逐渐成为支持需求端的信贷工具。这一点在《住房公积金管理条例》中得以体现，标志着住房公积金由供给端的融资工具向需求端的信贷工具的转变。另一方面，如表 2.1 所示，从 1991 年以来历次中央政府公布的住房公积金管理文件中可以看出，政策文件中关于住房公积金参与职工类型的规定逐渐拓宽。住房公积金制度成立之初，主要缴存对象为国有部门职工；2015 年中华人民共和国住房和城市建设部公布的《住房公积金管理条例》（修订送审稿）中已经将职工类型扩大到包括国有部门、私营企业、个体工商户、非全日制从业人员以及其他灵活就业人员等城镇就业职工。虽然《住房公积金管理条例》（修订送审稿）一直未能以正式文件发布，但可以看出政府对住房公积金制度的改革取向仍然是试图通过扩大住房公积金制度覆盖面的方式支持更多职工的住房消费。

表 2.1　　　　　　　公积金政策调整中关于缴存者的规定

年份	政策名称	缴存职工类型
1991	《上海市公积金暂行办法》	具有本市城镇常住户口的国家机关、群众团体、事业单位和企业的固定职工、劳动合同制工人
1994	《建立住房公积金制度的暂行规定》	所有党政机关、群众团体、事业单位和企业的固定职工、劳动合同制职工以及三资企业中方员工
1999	《住房公积金管理条例》	国家机关、国有企业、城镇集体企业、外商投资企业、城镇私营企业及其他城镇企业、事业单位
2002	《国务院关于修改〈住房公积金管理条例〉的决定》	国家机关、国有企业、城镇集体企业、外商投资企业、城镇私营企业及其他城镇企业、事业单位、民办非企业单位、社会团体
2005	《关于住房公积金管理若干具体问题的指导意见》	建议有条件的地方，城镇单位聘用进城务工人员，单位和职工可缴存住房公积金
2015	《住房公积金管理条例》（修订送审稿）	国家机关、事业单位、企业、有雇工的个体工商户、民办非企业单位、社会团体、个体工商户、非全日制从业人员以及其他灵活就业人员

2.1.3　助力房地产市场的调控阶段

自 2010 年以来，住房公积金发挥了房地产市场调控的作用。进入 21世纪，全国房地产市场经历了前所未有的繁荣并成为我国经济发展的主要推动力。国家统计局数据显示，房地产投资一直属于我国固定资产投资的重要组成部分。其中 2011～2014 年房地产投资占我国固定资产投资的比例高达 25%，这一数值随后虽有下降但也依然处于较高比例（见图 2.1）。然而，房地产市场繁荣的同时产生的房价快速上涨也给我国政府稳经济、稳民生带来了重要挑战。国家统计局数据显示，2000 年以来全国商品房住房价格呈快速上涨趋势（见图 2.2），房地产市场调控的压力不断增加。

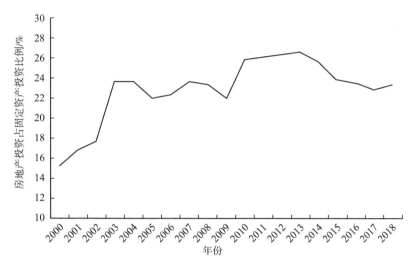

图 2.1　2000～2018 年全国房地产投资占固定资产投资的比重

资料来源：国家统计局。

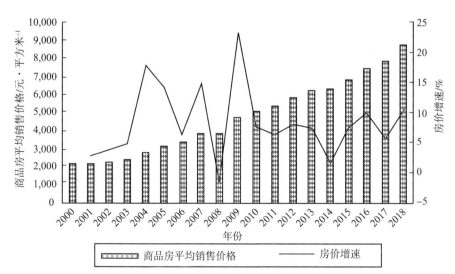

图 2.2　2000～2018 年全国商品房平均销售价格及房价增速

资料来源：国家统计局。

对房地产市场的宏观调控是维持房地产市场稳定、确保经济健康发展的基石。其中，2010 年发布的《关于规范住房公积金个人住房贷款政策有关问题的通知》，首次将住房公积金作为房地产市场调控的工具。该文件是基于《国务院关于坚决遏制部分城市房价过快上涨的通知》的相关规定制定，目的是通过改变住房公积金信贷政策的调整从而提高融资门槛，进而通过抑制住房需求达到调控房价。然而，由于房地产市场的周期性循环以及地方政府通过大量出让土地的方式以扩大地区的房地产投资，住房供给严重超过需求。2014 年之后，房地产市场趋冷，出现了大量的住房库存，成为制约经济可持续发展的重要因素之一。2015 年 12 月，中央经济工作会议将房地产去库存作为经济工作的重要任务之一，要求通过发展住房租赁市场、加快农民工城市定居等方式扩大住房需求。商业银行业逐渐通过降低贷款利率、降低贷款申请条件等方式响应国家去库存的要求。住房公积金作为重要的住房政策再次成为房地产市场的调控工具。如表 2.2 所示，2015 年以来，相关政府部门发布了 7 份文件对住房公积金的贷款内容进行调整。主要表现在通过降低公积金贷款利率，降低公积金贷款首付款比例、提供公积金贷款额度等方式减轻职工购房的融资成本，以此刺激职工的住房消费。

表 2.2　　　　将住房公积金用于房地产市场调控的政策文件

时间	文件名称	政策主要内容
2015.5.30	《中国人民银行　住房城乡建设部　中国银行业监督管理委员会关于个人住房贷款政策有关问题的通知》	首套房首付款比例降低为 20%；二套房首付款比例降低为 30%
2015.5.29	《住房城乡建设部关于按照中国人民银行规定实施住房公积金存贷款利率调整的通知》	五年期以上公积金贷款利率由 3.75% 下降到 3.5%
2015.8.27	《住房城乡建设部关于按照中国人民银行规定实施住房公积金存贷款利率调整的通知》	五年期以上公积金贷款利率由 3.5% 下降到 3.25%
2015.8.27	《财政部　中国人民银行　住房和城乡建设部关于调整住房公积金个人住房贷款购房最低首付款比例的通知》	二套房首付款比例降低为 20%
2015.9.15	《住房和城市建设部关于住房公积金异地个人住房贷款有关操作问题的通知》	允许公积金缴存职工在异地购房时申请公积金住房贷款

续表

时间	文件名称	政策主要内容
2015.9.29	《财政部　中国人民银行　住房和城乡建设部关于切实提高住房公积金使用效率的通知》	公积金运用率低于 85% 的城市，可以提高公积金的贷款额度
2017.12.13	《住房城乡建设部　财政部　中国人民银行国土资源部关于维护住房公积金缴存职工购房贷款权益的通知》	公积金管理中心和受委托银行要提高公积金贷款的审批效率，自贷款申请之日起 10 个工作日内完成审批工作

由此可见，住房公积金制度作为由政府参与且重要的政策性住房金融与房地产市场发展相辅相成，成为房地产需求端调控的重要工具之一，同时也是房地产长效机制建设的重要组成部分。

2.2　住房公积金支持住房消费的研究梳理

2.2.1　住房公积金推动住房改革的相关研究

（1）推进住房货币化分配机制形成方面

住房公积金制度是在特定的历史背景下结合我国实际而产生的一种住房政策创新，是我国住房制度改革的现实需要（王先柱和年崇文，2018；肖作平和尹林辉，2010）。住房改革之前，我国城镇居民的住房由国家统一建设和分配，由于资金有限导致当时的住房供给出现不可持续、政府承压过大等现实问题。住房公积金制度突破了以往政府在住房融资中的主体地位，形成了单位、个人和政府多元参与的融资格局（何代欣，2015）。住房公积金制度的建立是我国住房分配模式由福利分配向货币分配转变的重要推动力，有力地促进了我国住房市场化改革的进程（Chen and Deng，2014；王先柱和吴义东，2017）。

（2）促进住房金融体系的发展方面

通过吸收单位和个人的资金，住房公积金很快形成了长期稳定的资金来源（吴义东和陈杰，2020）。与普通商品不同，住房消费所需资金量较大，在当时低工资的背景下职工短时间内难以筹集到足够的购房资金，而住房公积金制度能够为职工提供长期有效的资金来源渠道（Deng et al.，2011）。由于贷款成本较低，住房公积金贷款规模迅速扩大并成为当时我国唯一政策性融资渠道，并且为商业性住房抵押贷款的形成积累了丰富的经验（刘洪玉，2011；包林梅，2012）。

（3）促进职工形成住房储蓄习惯方面

住房公积金制度的设立是我国在住房制度改革初期弥补职工低收入和住房支付能力不足方面的重要的需求侧支持政策，其制度目标是通过集体性的强制储蓄提高居民的住房购买能力（Buttimer et al.，2004；Wai et al.，2006）。在当时的历史背景下，我国居民住房储蓄的习惯较弱，导致住房供需不平衡的矛盾日益凸显（李伟军，2019）。通过"强制性"和"专用性"的制度设计，住房公积金制度帮助职工形成了个人的住房储蓄资金并养成了住房储蓄的习惯（Yan and Chen，2014）。因此也有学者认为住房公积金制度的成功主要是由于其通过强制储蓄、心理预算等基于行为经济学的独特设计（Xu，2017）。

2.2.2 住房公积金政策有效性的评价研究

（1）城镇职工住房消费的政策有效性方面

从文献梳理来看，多数学者持肯定态度的。基于 1989～2009 年中国健康和营养调查的微观数据，徐（Xu，2017）通过实证检验发现在住房公积金制度全面实施后，缴存职工比非缴存职工更有可能发生住房消费行为。同时，唐和库尔森（Tang and Coulson，2017）通过 2011 年中国家庭金融调查（China household finance survey，CHFS）的数据以及在济南市开展的问卷调研发现住房公积金缴存职工更有可能成为住房自有者，虽然他们由于抵押贷款首付款的限制可能购买小户型的住房。基于贷款模式的差异化选择，王先柱和吴义东（2017）认为住房公积金贷款相比较于商业贷款而言对住房消费的促进作用更为明显。吴璟等（2011）等以全国 35 个大中城市为例，发现在宏观城市层面住房公积金对住房可支付性指数的平均提升比例达到 20%，表明住房公积金制度具有显著的政策效果。周（Zhou，2020）通过异质性的主体生命周期模型测算了住房公积金政策效应并发现在住房公积金的支持下缴存职工的住房自有率能够提高约 8.7%，住房面积能提高 20%。基于城市住户调查数据，周京奎（2012）基于中国城市住户调查（Chinese household income project survey，CHIPS）数据发现，住房公积金制度对不同收入约束的职工家庭住房需求的支持效应具有异质性，其中对社会地位较低的家庭在邻里特征需求方面表现出更高的支持效应，而且社会地位较低的家庭在改善型住房需求方面受住房公积金的支持效应更为显著。

然而，也有学者认为住房公积金的政策效应有限。通过广州和上海的微观调研数据，李和郑（Li and Zheng，2007）认为虽然个人住房抵押贷款在解决居民住房融资中发挥了重要作用，但是家庭的住房资金仍然主要依赖于家庭的储蓄存款和父母的资金支持，住房公积金在职工购房中发挥的作用十分有限。通过考察住房公积金缴存对家庭消费的影响，康书隆等（2017）发现住房公积金仅能提高有房无贷缴存家庭的消费水平，而对于无房无贷和有房有贷缴存家庭的消费并无显著影响。此外，孙玥（2012）认为住房公积金对中低收入职工家庭住房消费的政策效果并没有达到预期的目标。

（2）新市民住房消费的政策有效性方面

2005 年前，住房公积金体系一直未将以农民工为代表的新市民群体纳入。2005 年，中华人民共和国建设部、中华人民共和国财政部和中国人民银行发布了《关于住房公积金管理若干具体问题的指导意见》，指出"城镇单位聘用进城务工人员，单位和职工可缴存住房公积金"。该文件成为新市民纳入住房公积金制度的重要标志。近年来，随着我国城镇化进程的持续推进，以农业转移人口在城市定居为目标的城镇化成为我国社会经济发展的重点之一（王先柱和王敏，2017）。党的十九届五中全会再次明确指出要以构建健康稳定的房地产市场为依托推进以人为核心的城镇化。近年来，住房公积金对新市民群体住房消费的政策效应也广受关注并且多数学者认为住房公积金有助于推动城镇化进程。孙勇等（2015）基于 2013年全国七座城市的调研数据，通过两阶段法研究发现住房公积金对外来务工人员的城市化意愿具有正向的促进作用。基于 2016 年流动人口调查数据，范兆媛和王子敏（2019）发现缴存住房公积金能够增强城市到城市之间流动人口的定居意愿。这一观点同样也得到了其他学者的验证（Xie and Chen，2018；李玉姣，2019；柴化敏和李晶，2020；殷俊和周翠俭，2020；李伟军和吴义东，2019）。然而，祝仲坤（2017）指出住房公积金对新生代进城务工人员城市定居意愿的影响具有"嫌贫爱富"的特征，高收入进城务工人员受住房公积金的影响远高于低收入进城务工人员，并且就业单位较好的进城务工人员缴存住房公积金的概率更大（祝仲坤，

2018）。此外，由于制度设计的缺陷以及进城务工人员自身的短板，住房公积金难以发挥作用（祝仲坤，2016）。梁土坤（2016）的研究发现以住房公积金为代表的社会分层和经济状况指标对流动人口的定居意愿并不显著。赵卫华等（2019）认为即便住房公积金是"单位嵌入型"，其仍然对进城务工人员存在事实上的排斥性。因此，依靠住房公积金制度无法解决进城务工人员的住房消费问题（祝仲坤和冷晨昕，2017）。

2.2.3　住房公积金政策公平性的评价研究

（1）覆盖群体的机会公平性方面

住房公积金制度是在以国有单位为主体的背景下建立起来的，行政力量的推动使得国有单位职工成为住房公积金缴存的主体（王先柱，2020）。布雷尔（Burell，2006）认为，住房公积金制度是以就业和收入为基础的，因此对低收入者、临时工、非正规单位从业者和失业人口具有歧视性。覆盖面群体的不足存在严重的机会不平等，使得住房公积金成为正规单位职工的福利和乐园（徐晓明和葛扬，2015；陈峰和洪瑾，2019）。现有文献也通过分析发现正规单位职工住房公积金缴存的机会显著高于其他类型的单位职工（牛明和朱小玉，2019）。机会不公平导致职工在住房消费时产生分化的局面，真正存在住房困难的群体并没有纳入住房公积金体系（何欣和路晓蒙，2019）。尤其是在以人为核心的城镇化进程中进城务工人员群体的住房公积金机会不平等愈发受到关注（刘一伟，2017；郑小晴和胡章林，2008）。

（2）制度设计的规则公平性方面

在资金缴存方面，虽然《住房公积金管理条例》规定缴存比例为5%～12%，但由于单位性质、行业差异、地区经济水平差异等影响，不同职工的缴存额存在非常大的悬殊（殷俊和彭聪，2014）。陈杰（2010）指出，由于住房公积金缴存部分可以减免个人所得税，从而使得住房公积金成为企业变相避税的一种渠道，进而加剧了职工之间"隐性收入"的差异。此外，由于缴存额与收入挂钩，高收入职工因此能够获得更多的单位补贴，进而加剧缴存职工内部的收入差距（Chen and Deng，2014；Yang and Chen，2014；陈峰和邓保同，2015）。在贷款使用方面，高收入者能够获得更多的单位补贴并快速形成资金积累，能够较早地突破融资约束获得住房贷款。而"普惠制"的贷款制度设计无疑降低了低收入职工住房公积金贷款的可得性（陈峰和邓保同，2014）。此外，徐跃进等（2017）基于某典型城市住房公积金缴存数据的研究发现，住房公积金贷款利率和贷款限额会影响缴存职工获得的互助收益水平，进而产生公平性不足的问题。由于"低存低贷"的制度设计，对于从未使用住房公积金贷款或使用不多的人来说，他们的住房公积金"低存"损失无法获得或无法全部获得补偿；而对于使用了住房公积金贷款的人来说，他们的"低存"损失从"低贷"中获得了补偿或超额补偿，公积金并没有完全实现公平互助（倪鹏飞，2020；李伟军，2019；蒋华福，2018）。此外，在缴存职工承受机会成本的情况下将住房公积金增值收益提取用于公共租赁房建设补充资金的合理性也受到质疑（Yang and Chen，2014）。

（3）支持消费的结果公平性方面

2006 年世界银行在发布的《中国经济季报》中就指出，住房公积金对缴存职工的住房消费存在公平性不足的风险，高收入家庭获益的可能性更高。由于中低收入家庭的住房承受能力较弱，往往无法获得住房公积金贷款，住房公积金的制度福利容易被高收入者获取（陈杰，2010；Week in China，2013）。基于某城市住房公积金贷款数据，徐跃进等（2017）发现住房公积金制度还表现出"两端补贴中间"的政策效果。此外，李丁等（2020）也实证研究了住房公积金支持住房消费中的"纺锤"效应，并发现住房公积金对低收入和高收入家庭住房消费影响不显著，而对中等收入家庭较为显著。也有学者指出，住房公积金主要促进了缴存家庭的多套房需求，加大了缴存家庭与非缴存家庭的住房财富差距（李涵和张昕，2020）。由于住房市场的差异以及住房公积金制度设计的缺陷，在房价上涨的背景下扩大住房公积金覆盖面会进一步加剧这种结果的不公平（Deng et al.，2019）。

2.2.4　住房公积金制度改革的相关研究

（1）将住房公积金中心改组为国家住房银行

2008 年，中国社会科学院金融研究所的汪利娜研究员在《中国住房保障制度构建与改革建议》报告中提出，打造以住房公积金为核心的政策性住房金融体系，方案的核心是将住房公积金中心改组为政策性住房合作银行。殷世波（2008）也认为住房公积金存在制度缺陷并对改制为政策性住房金融机构提出了设想。此后，徐晓明和葛扬（2015）实证了组建国家政策性住房银行的可行性并提出了设计方案。汪利娜（2016）认为混合所有制住房储蓄银行或住房基金也可能是住房公积金改革的可选方案。在此基础上，部分学者认为从短期来看应该打破住房公积金属地化管理的壁垒，组建全国统一的住房公积金管理机构（王先柱和吴义东，2018；陈余芳和黄燕芬，2017）。也有学者进一步提出了改变住房公积金的管理体制，将住房公积金管理中心改建为国家住房公积金银行的思路（倪鹏飞，2020；陈峰，2020）。

（2）以建立在自愿基础上的合作住房储蓄银行制度来代替

相关学者认为可以仿照德国住房储蓄银行的模式，能够通过自愿缴存的方式去除住房公积金的行政化并进行结构的重组，这样能大大提高住房公积金制度的运行效率（王家庭，2004）。王开泉（2015）通过对比其他国家的住房金融制度，认为我国住房公积金应该向合作住房银行方向改革。黄燕芬等（2017）认为应该逐步放开自愿缴存住房公积金来实现制度的普惠性并且扩大住房公积金的覆盖面。但这种制度要发挥作用，首先，要求居民的闲置财力比较充足；其次，要有很大的参与群体才可行。从目前我国在天津、重庆等地试点的中德住房储蓄银行实践来看，这种自愿缴存的合作银行模式在管理模式、存贷关系等方面依然尚未成熟，在我国目前的房地产市场背景下全面开展仍有困难。

（3）以住房津贴计划取代住房公积金

取消住房公积金而改为政府直接发放住房津贴，领受者拥有更大自主权，可以避免资金使用率低和资金运用效率低的问题，彻底避免腐败和挪用（李文斌，2006）。2007年，在人民网开展的关于住房公积金制度改革的问卷调查中，近半数的受访者同意采用住房津贴的形式替代住房公积金（艾芸，2007）。然而，也有学者对这种观点进行了反驳，认为单纯的住房津贴不可行（李锋，2007）。从现实情况来看，住房津贴广泛地发放于所有职工，这势必会大大增加政府的财政负担，而且还会引发公平性问题。从国外的实践经验来看，住房津贴往往针对特定的人群，尤其是存在住房困难的低收入职工。如果将住房公积金改为住房津贴，可能会变相地回到制度改革前的状态（陈杰，2010）。

（4）将住房公积金并入大社保体系

有学者认为可以借鉴新加坡大社保的经验，将住房公积金纳入基本社会保障制度，允许住房公积金用于治病养老（钟茂初，2006）。这一尝试最早出现在广州，2009年6月广州规定由于缴存职工本人或家庭成员患有重大疾病造成家庭生活困难的，可申请提取住房公积金（蒋悦飞，2009）。但也有人认为将住房公积金纳入个人社保账户具有一定的局限性，不能完全照搬新加坡的经验（陈杰，2010；陈瑛姝和蒲晓红，2008；革昕等，2017）。

（5）取消住房公积金制度

该观点的支持者从不同角度阐述了应当废除住房公积金制度的原因。一些学者认为住房公积金从最初的制度合法性方面就是有争议的，加上制度运行与我国经济发展实际差异较大，挽救公积金制度已经没有必要（佟广军，2014；周威和叶剑平，2009）。陈友华（2014）认为住房公积金对居者有其屋的支持力度有限，在中国住房市场发生巨大变化的时期无法解决中低收入者的住房问题，是时候退出历史舞台了。2020 年以来，受新冠肺炎疫情对我国经济发展的冲击，黄奇帆发文建议取消住房公积金制度来为企业减负。[①] 珠海格力电器股份有限公司董事长董明珠也对取消住房公积金制度表示赞成。[②] 随后，也有学者对此观点表示反对，认为住房公积金涉及范围广、资金量庞大，如何有效的改革是住房公积金持续发展的关键（倪鹏飞，2020；刘俏和张峥，2020；郑秉文，2020；陈峰，2020）。

2020 年 5 月 11 日发布的文件《中共中央　国务院关于新时代加快完善社会主义市场经济体制的意见》明确了改革住房公积金制度，这意味着从国家层面对住房公积金的存废之争给出了明确答案。然而，具体的改革路径是什么，依然值得深入研究。

2.3　住房公积金类似住房制度的国际比较

2.3.1　主要国家住房储蓄制度的主要内容

住房公积金制度是一项由政府主导的长期性住房储蓄制度。这种通过低存低贷和交叉补贴为主要特征的住房金融制度也常见于其他国家，主要包括强制性储蓄模式以及合同储蓄模式。例如，新加坡的中央公积金制度（CPF），巴西的工龄保障基金（FGTS），墨西哥的全国劳动者住房公积金

---

① 资料来源：清华大学互联网产业研究院。
② 资料来源：2020 年 4 月 29 日《新京报》对董明珠的采访。

（INFONAVIT）和国家公职人员住房公积金（FOVISSTE），菲律宾的住房发展基金（PAG‐IBIG）以及尼日利亚的国家住房基金（NHF）等通过强制储蓄的模式归集资金（Chiquier and Lea，2009；汪利娜，2016）；以及以德国的住房储蓄银行（CSH）和法国的住房储蓄账户（CEL）、住房储蓄计划（PEL）为代表的合同储蓄（张江涛和闫爽爽，2017）。作为一项长期性的储蓄计划，上述政策性住房金融制度建立的初衷都是在各自的时代背景下完善自身的住房金融制度，从而支持住房消费（Chen and Deng，2014；Renaud and Bertrand，1999）。各个国家采取的长期住房储蓄计划用以支持住房消费的主要内容梳理如下。

（1）新加坡

新加坡是"住有所居"实现程度最好的国家之一，这得益于新加坡政府干预并主导了中央公积金这项长期储蓄计划（Shen et al.，2019）。最初的新加坡的中央公积金制度（CPF）主要目的是解决新加坡职工的养老问题，现在新加坡的中央公积金制度（CPF）已经发展成为一个集住房、医疗、养老、教育、资产投资等为一体的综合性社会保障体系。新加坡的中央公积金并非独立存在，而是与建屋发展局（HDB）、国有投资公司（GIC）共同构成一套完整的住房体系。但三者又是既相互分离，又互相支撑的。①

在资金归集方面，新加坡中央公积金局主要负责融资。根据新加坡的《中央公积金法》的规定，所有在新加坡工作的公民和永久居民和工作单位要定期按照一定比例将工资收入存入个人账户。职工的缴存比例根据经济发展情况、居民就业和生活水平等因素进行动态调整。在资金的使用方面，新加坡的中央公积金制度（CPF）缴存者包括三个账户，普通账户（OA）主要用于住房、保险、投资、教育等方面的支出；医疗账户（MA）主要用于医疗项目费用支出；特别账户（SA）主要用于养老和紧急情况的支出。对于不按规定缴存的雇主，新加坡的《中央公积金法》规定了严厉的处罚措施，严重者不仅受到罚款甚至面临监禁的处罚。

在资金使用方面，新加坡的建屋发展局（HDB）负责抵押贷款。新加坡的建屋发展局（HDB）是新加坡的房屋建设和管理机构，主要任务是发放住房建设贷款和个人住房抵押贷款。一是在新加坡政府的支持下大力开展组屋建设。在住房供给严重不足的时期，从职工和单位归集的大量资金

① 更为详细的介绍请参见新加坡中央公积金局网站：https：//www.cpf.gov.sg/members。

迅速构成了住房建设资金的重要来源，成为新加坡住房供给的主要部分。二是职工可以向新加坡的建屋发展局（HDB）申请公积金贷款购买组屋，大大促进了职工的住房自有。公积金贷款利率低于商业银行贷款利率，能够为职工购房提供有力的支持。购房者可以从新加坡的中央公积金制度（CPF）借款来支付新加坡的建屋发展局（HDB）要求的20%首付款，剩下的80%资金采用低息贷款的方式偿还。

在资金保值增值方面，新加坡的国有投资公司（GIC）是专业的投资机构。新加坡的中央公积金局将归集到的资金交由新加坡的国有投资公司（GIC）管理。通过多元化的投资组合，职工缴存的公积金存款收益能够得到保障。2018年新加坡的中央公基金制度（CPF）特别账户和医疗账户的无风险回报率为5%，普通账户的为3.5%，基本与市场收益率持平。

新加坡的中央公基金制度（CPF）巧妙地运用了储蓄生命周期的原理，在政府的强制干预下通过法律规定实现了长期稳定的资金归集（Vasoo and Lee，2010）。1955年颁布的新加坡的《中央公积金法》是新加坡的中央公基金制度（CPF）运行的根本保证。新加坡的《中央公积金法》规定所有职工参加工作后自动成为新加坡的中央公基金制度（CPF）的会员并要依法定期缴纳公积金，其账户的分类设置保证了即便是职工通过贷款进行购房，仍然有一部分余额存放。这一方面保证了职工退休之后的养老金来源，另一方面，能够保证新加坡的建屋发展局（HDB）发放贷款的来源充足。这种巧妙的制度设计形成了一种良性循环，也使得我国1991年在新加坡的中央公基金制度（CPF）的基础上建立了住房公积金制度。

（2）巴西

巴西的工龄保障基金（FGTS）成立于1996年，是一个包含保险、住房保障、失业等为一体的综合性社会保障资金储蓄计划。[①]

在资金归集方面，巴西政府强制要求正式职工将每月工资的8%存入巴西的工龄保障基金（FGTS）的个人账户，巴西的工龄保障基金（FGTS）可以按照一定的利率向职工提供存款利息，但这个利率往往低于市场利率。在政府强制性推动下，巴西的工龄保障基金（FGTS）很快成为巴西最大的储蓄基金，并且成为巴西住房金融的主要支柱（Valen and Bonates，2010）。

在资金使用方面，巴西的工龄保障基金（FGTS）的一部分资金被用

---

① 更为详细的介绍请参见巴西的工龄保障基金（FGTS）的官方网站：https：//www.caixa.gov.br/。

于投资于国库券，另一部分投资于基础设施贷款和住房贷款，是政府主导的保障性住房项目"我的家、我的生活"的主要资金来源。其用于发放住房贷款的资金量由巴西的工龄保障基金（FGTS）委员会每年讨论决定。巴西的工龄保障基金（FGTS）并不直接发放住房贷款，而是将归集到的资金存入联邦住房银行统一管理。职工在购房时可以向联邦住房银行申请优惠的住房贷款，职工所得获得的贷款额度和贷款利率由联邦住房银行根据申请人的收入水平分类实施。这种差异化信贷政策的基础是联邦住房银行对不同收入职工购房的面积和住房总价的控制，从而保证优惠贷款的充分利用（Marinho，2012）。

此外，在职工遭遇非法解雇、退休、长期不发放工资、家庭成员患有重大疾病等情形下也可以提取使用个人账户中的资金。然而，从提取的情况来看，住房占有率较低。马里尼奥（Marinho，2012）指出在巴西的工龄保障基金（FGTS）的总提取资金中，因非法解雇的提取金额超过60%，而用于购买住房提取的比例仅为10%。尽管如此，巴西的工龄保障基金（FGTS）在支持提收入职工购房方面发挥了重要作用。2000~2016年巴西的工龄保障基金（FGTS）累计将75%以上的住房贷款发放给5倍最低薪以下的家庭，成为解决低收入职工住房问题的重要渠道。

（3）墨西哥

墨西哥有两大公积金制度，一个是针对私有单位职工的全国劳动者住房公积金（INFONAVIT），另一个是面向国有部门的国家公职人员住房公积金（FOVISSTE），两者均成立于1972年，是政府干预下的住房贷款发放机构。尽管两者的面向群体不同，但两个公积金制度的设计思路和运行模式具有较强的共性（Castillo，2000）。①

在资金归集方面，根据墨西哥的劳动法规定，职工需要按照月工资的5%缴存至对应的墨西哥的全国劳动者住房公积金（INFONAVIT）和墨西哥的国家公职人员住房公积金（FOVISSTE）的个人账户，职工缴存的资金由工作单位代扣。通过这种强制储蓄的规定能够建立起稳定的资金来源，为职工积累住房所需的资金。

在资金的用途方面，墨西哥的全国劳动者住房公积金（INFONAVIT）和墨西哥的国家公职人员住房公积金（FOVISSTE）将归集到的资金用于

---

① 更为详细的介绍请参见墨西哥的全国劳动者住房公积金（INFONAVIT）官方网站：https：//www.suse.com/c/success/infonavit/。

向职工发放购房贷款，账户中的余额在职工退休后自动返还。一方面会员自身在公积金中的储蓄可以提取作为购房的首付款。另一方面可以同时从墨西哥的全国劳动者住房公积金（INFONAVIT）和墨西哥的国家公职人员住房公积金（FOVISSTE）获得低于市场利率的贷款。此外，墨西哥的全国劳动者住房公积金（INFONAVIT）和墨西哥的国家公职人员住房公积金（FOVISSTE）与政府补贴相结合，帮助低收入缴存职工获得自身资金积累之外的住房补贴，从而提高低收入缴存职工的贷款可得性（Chiquier and Lea，2009）。墨西哥的全国劳动者住房公积金（INFONAVIT）和墨西哥的国家公职人员住房公积金（FOVISSTE）均设立国家统一管理机构，并在各地区设立分支机构。墨西哥政府给予墨西哥的全国劳动者住房公积金（INFONAVIT）和墨西哥的国家公职人员住房公积金（FOVISSTE）充分的自主权，允许两者根据通货膨胀和市场经济情况以及职工的收入水平自主采取差异化的贷款利率、贷款额度等。同时，墨西哥的全国劳动者住房公积金（INFONAVIT）和墨西哥的国家公职人员住房公积金（FOVISSTE）两者均要求职工至少在连续缴存满 18 个月后才可以申请低息贷款。

（4）菲律宾

菲律宾的住房发展基金（PAG‑IBIG）是在早期的住房发展共同基金（HDMF）的基础上变革成立的，是为了满足国家储蓄计划的需要，并为菲律宾工人提供可负担得起的住房融资。① 菲律宾的住房发展共同基金（HDMF）于 1978 年设立，最早由两个机构进行管理，其中社会保障系统处理私人的储蓄资金，而政府服务保险系统处理政府工作人员的储蓄资金。1979 年，菲律宾政府将基金的管理移交给国家住房抵押贷款金融公司，将私人和政府人员基金合并为现在所称的菲律宾的住房发展基金（PAG‑IBIG）。菲律宾的住房发展基金（PAG‑IBIG）以国有公司的形式运作，有自己独立的董事会。目前，菲律宾的住房发展基金（PAG‑IBIG）包括三种长期的储蓄计划。

第一种是菲律宾的住房发展基金（PAG‑IBIG）（P1）项目，这是目前由菲律宾政府主导的实施效果最好的强制性储蓄计划。按照规定，菲律宾社会保障系统和菲律宾政府服务保险系统的职工必须参与这项强制性储蓄，并且个人按照每月工资的 1%～2% 缴存，单位的缴存比例为 2%。雇主和雇员的最高缴存额为 5,000 比索，最低为 200 比索。目前，

---

① 更为详细的介绍请参见菲律宾的住房发展基金（PAG‑IBIG）官方网站：https：//www. pagibigfund. gov. ph/。

强制储蓄的存款年利率为 5.5%。

第二种是菲律宾的住房发展基金（PAG – IBIG）（POP）海外项目。此储蓄计划适用于海外菲律宾劳工及海外菲律宾移民，可以自愿缴存。菲律宾的住房发展基金（PAG – IBIG）（POP）海外项目每月最低缴存额为 5 美元，实际缴款将在付款时转换为菲律宾比索，该项目可以为海外劳工在菲律宾买房时使用。

第三种是菲律宾的住房发展基金（PAG – IBIG II）（P2）项目，其知名度和项目规模均较小。该项目属于自愿缴存，首次于 1989 年推出，适用于希望获得更多住房贷款的会员。根据现行的规定，自愿缴存的会员每个月至少缴存 500 比索，但相比较于强制缴存的部分，自愿缴存的部分能够获得更多的存款利息。然而，菲律宾的住房发展基金（PAG – IBIG II）（P2）项目并不能提供住房抵押贷款，只是单纯的储蓄项目。目前，菲律宾的住房发展基金（PAG – IBIG II）（P2）项目的存款利率为 6.5%，高于银行常规的存款利率。根据规定，菲律宾的住房发展基金（PAG – IBIG II）（P2）项目的会员只有在会员协议到期之后才能提取其所有的本息。由此可见，以上三种长期储蓄计划构成了菲律宾的住房发展基金（PAG – IBIG）最稳定的资金来源。

在资金使用方面，向开发商和缴存职工发放低息住房贷款是菲律宾的住房发展基金（PAG – IBIG）的主要资金用途。菲律宾的住房发展基金（PAG – IBIG）的住房贷款利率是菲律宾市场上最低的，根据贷款金额的不同，年利率从 6% ~ 11.5% 不等。对于所有的菲律宾的住房发展基金（PAG – IBIG）会员而言，其能够获得的贷款额度与其账户余额和家庭的可支配收入（月供支付能力）有关。按照规定申请菲律宾的住房发展基金（PAG – IBIG）贷款的缴存者每月的月供支出不得高于家庭可支配收入的 40%。此外菲律宾的住房发展基金（PAG – IBIG）同时规定最高贷款额度为 300 万比索，最低贷款额度为 10 万比索。在贷款资格方面，菲律宾的住房发展基金（PAG – IBIG）进行了严格的限定，例如，菲律宾的住房发展基金（PAG – IBIG）会员必须连续缴存 2 年以上，申请贷款时年龄不得超过 65 岁，在贷款到期日不超过 70 岁，没有菲律宾的住房发展基金（PAG – IBIG）的超期贷款记录等。

（5）尼日利亚

尼日利亚的国家住房基金（NHF）设立于 1992 年，是尼日利亚住房政策的重要组成部分，旨在应对住房严重短缺和不断上升的购房成本，主要是为了解决筹集长期住房发展资金的问题，并确保每个尼日利亚人都能以可负担的利率获得住房贷款（Amao and Ilesanmi，2014）。

在资金归集方面，1992 年尼日利亚的国家住房基金法案（national housing fund act，NHFA）规定每月收入在 3,000 奈拉以下的每个尼日利亚人必须将其月薪的 2.5% 缴纳到尼日利亚的国家住房基金（NHF）的个人账户并获得 2% 的存款收益率，该收益率低于市场投资收益率。除了强制归集之外，尼日利亚的国家住房基金（NHF）还接收自愿储蓄，因此非正式职工也能成为其会员。该法案同时规定，所有的商业银行需要提供他们可贷资金的 10% 作为尼日利亚的国家住房基金（NHF）的补充资金并存入国家抵押贷款银行，此时商业银行可以获得比活期存款利率高出一个百分点的利息。此外，保险公司必须将其非寿险基金的 20% ~40% 的寿险保单基金用于房地产开发，其中不少于 50% 的资金通过尼日利亚的国家住房基金（NHF）支付给国家抵押贷款银行。

在资金的使用方面，尼日利亚的国家住房基金（NHF）由尼日利亚国家抵押贷款银行进行资金的运行和管理，可以通过国家抵押贷款银行将资金借给以及贷款市场的抵押机构和尼日利亚的国家住房基金（NHF）的缴存会员（Alabi，2017）。尼日利亚的国家住房基金（NHF）是一个封闭运行的资金系统，只有其缴存会员才有资格享有申请住房贷款的权利，并且法律规定缴存会员必须连续缴存半年以上才有资格申请。因此，缴存会员之间根据购房时间的先后形成内部的互助机制。缴存会员能够获得的贷款额度与其缴存额度无关，但是尼日利亚的国家住房基金法案（NHFA）规定所有会员最高贷款额度为 50 万奈拉并要求在 30 年内还清。在所获得的贷款额度内，会员可以享受 6% 的贷款年利率，这大约比商业银行贷款利率低 20%（Amao and Ilesanmi，2014）。

（6）德国

合同储蓄（contract savings）是欧洲普遍的住房融资模式，以德国的住房储蓄银行（contractual saving for housing，CSII）为代表（Ronald R，2012）。居民和德国的住房储蓄银行签订储蓄合同并按照约定定期缴存合同规定的储蓄资金，在达到约定的储蓄期限之后居民可获得优惠的住房贷款。1924 年，德国科隆成立第一家住房储蓄银行。1972 年颁布《住房储蓄银行法》，将住房储蓄银行纳入严格监管，由联邦金融监管局和德意志联邦银行（德国央行）共同监管。住房储蓄银行不以盈利为目的，其主要收入为 1% 的贷款手续费，其中手续费的 80% 左右支付给代理的商业银行或直销人员（张江涛和闫爽爽，2017）。截至 2020 年 4 月，德国共有 19 家住房储蓄银行，其中公营住房储蓄银行共有 8 家，一般由银行所属的州政府进行组建；私营住房储蓄银行共有 11 家，经营形式采用股份公司制（陈功和郑秉文，2020）。

在资金归集方面，德国的住房储蓄银行（CSH）采取自愿储蓄、政府奖励的资金归集政策，在一定程度上可以理解为"互助式契约储蓄系统"。德国的住房储蓄银行（CSH）仅规定了少量的最低合同金额和最低存款年限，对用户来说参与门槛较低。此外，政府根据用户的储蓄年限和储蓄金额提供相应的奖励，能够激发用户参与德国的住房储蓄银行（CSH）的积极性。德国的住房储蓄银行（CSH）的另一个特点是先存后贷，以存定贷。用户在购房时所能够获得的低息贷款额度取决于在合同约定时其储蓄金额的多少。

在资金使用方面，德国的住房储蓄银行（CSH）采取低存低贷的贷款方式并且保持稳定的利率。德国的住房储蓄银行（CSH）的存款利率低于市场利率，体现了互助合作精神。虽然存款利率不高，但是其提供的低息贷款仍然对用户具有很大的吸引力，特别是中低收入职工可以将节省的资金用于其他领域的支出。德国的住房储蓄银行（CSH）还规定存款利率和贷款利率一般要保持 2.5% 的固定利差。此外，德国的住房储蓄银行（CSH）为封闭管理，只有德国的住房储蓄银行（CSH）的参与者才能够获得低息贷款，德国的住房储蓄银行（CSH）是用于住房消费的专项资金。

（7）法国

与德国类似，法国也采用了合同储蓄模式的住房融资，包括 1965 年推出的住房储蓄账户（CEL）和 1969 年推出的住房储蓄计划（PEL）。这两种储蓄的基本方法都是：专项储蓄、存贷挂钩、低存低贷、国家奖励。国家不仅对住房储蓄利息收入免税，还给予奖励（Driant and Li，2012）。

在资金来源方面，法国的住房储蓄账户（CEL）和住房储蓄计划（PEL）非常类似，家庭每个成员，包括未成年人均可以个人名义开设账户并按照合同约定进行储蓄。两者对参与用户储蓄资金的利率均进行税收减免和政府贴息等优惠。

在资金使用方面，法国的住房储蓄账户（CEL）和住房储蓄计划（PEL）根据用户的储蓄额设定贷款的上限，一般为储蓄额上限的 1.5 倍。两者均实行固定的存贷款利率政策，但政府可依据实际情况进行调整。在合同约定的储蓄期结束之后，用户可继续持有账户最多 10 年，并且不需要继续进行存款。也可将储蓄资金的本金和利息一次性提取，利息能够免除个人所得税，而在其他银行账户存款的利息税率为 12% 左右。但与德国住房储蓄制度不同的是，法国的住房储蓄账户（CEL）和住房储蓄计划（PEL）本身不放贷，更强调积累长期稳定的住房资金，然后把吸纳到的资金转移到商业银行，由其发放住房贷款。

2.3.2　主要国家住房储蓄制度的比较分析

可以看出，这种由政府主导的公共住房储蓄政策在世界上得到广泛采用。虽然各个国家在解决居民住房问题上采取了类似的住房政策，但就具体操作内容而言各有异同。本书选择了一些关键指标对上述各个国家的长期住房储蓄制度进行了对比分析，如表 2.3 所示。

通过政策对比以及相关文献的梳理，各个国家实施的住房储蓄计划的具体特征可归纳如下。

（1）以低息贷款和政策激励为特征的金融支持

一是低息贷款的金融支持。通过低息贷款的方式对购房者提供金融支持是各个国家实施的住房储蓄计划的显著共同点。低息贷款是政策性住房金融的主要工具，虽然不同的国家在提供贷款的主体上有所差异，但是其根本目的是在资金归集的基础上通过低息贷款的形式实现对缴存职工的购房支持。我国的住房公积金制度与墨西哥的全国劳动者住房公积金（INFONAVIT）和墨西哥的国家公职人员住房公积金（FOVISSTE）类似，是缴存职工贷款的直接提供者，当地住房公积金管理中心负责审批职工的贷款申请。而巴西的工龄保障基金（FGTS）只是一个收取存款和将贷款业务外包给联邦住房银行的中介机构（Martins et al. , 2011）。在新加坡，中央公积金局负责资金的收集和运作但并不直接提供住房贷款资金。相反，政府将筹集到的资金用于开展多元化的投资，然后贷款给负责住房融资和开发的政府机构，即住房发展局（HDB）。缴存职工需要向住房发展局申请住房贷款（Koh and Fong，2010）。而对于以合同储蓄模式为主的德国，德国的住房储蓄银行（CSH）本身就是一个商业运作的金融机构。法国则依靠委托商业银行的方式实现资金归集和使用功能的分离。

表 2.3　主要国家住房储蓄制度对比

国家	住房制度	是否强制储蓄	是否单位补贴	个人缴存比例	单位缴存比例	是否税收减免	是否低息贷款	贷款额度	资金归集机构	资金管理机构	贷款审批机构
中国	HPF	是	是	5%~12%	5%~12%	是	是	各城市自主设定	HPF	银行	住房公积金管理中心
新加坡	CPF	是	是	5%~20%	7%~17%	是	是	由房屋价格决定	CPF	国有投资公司	建屋发展局
巴西	FGTS	是	否	8%	—	是	是	由家庭收入决定	FGTS	联邦储蓄银行	联邦储蓄银行
墨西哥	INFONAVIT/FOVISSTE	是	否	5%	—	是	是	由家庭收入决定	INFONAVIT/FOVISSTE	INFONAVIT/FOVISSTE	INFONAVIT/FOVIS-STE
菲律宾	PAG – IBIG	是	是	1%~2%	2%	是	是	最低10万比索,最高300万比索	PAG – IBIG	国家住房抵押贷款金融公司	国家住房抵押贷款金融公司
尼日利亚	NHF	是	否	2.50%	—	是	是	最高500奈拉	NHF	国家抵押贷款银行	国家抵押贷款银行
德国	CSH	否	否	合同约定	—	是	是	合同约定	CSH	CSH	CSH
法国	CEL/PEL	否	否	合同约定	—	是	是	合同约定	CEL/PEL	商业银行	商业银行

资料来源：奇基耶利亚（Chiquier and Lea，2009）。

　　二是政府主导的激励机制。各国的住房储蓄制度均是在政府的参与下进行并且通过一定的激励政策吸引用户参与。对于强制储蓄的模式来说，政府规定职工必须每月按照一定的比例进行缴存，这为缴存者的住房融资形成了长期稳定的资金来源。一些国家还同时要求用人单位进行货币补贴，比如我国的住房公积金制度一般要求单位提供与个人缴存等额的补贴；菲律宾的住房发展基金（PAG – IBIG）要求职工每月缴存比例为 1% ~ 2%，单位额外补贴 2%（Chiquier and Lea，2009）。对于这些模式而言，不论是职工个人储蓄还是单位提供货币补贴，缴存者均可获得税收减免，能够激励单位和个人的缴存意愿（陈峰和邓保同，2015）。对于合同储蓄模式而言，政府通过利息免税、储蓄补贴等方式来激发用户的储蓄热情（刘洪玉，2011）。

　　值得注意的是，虽然各国的政策性住房金融的目标相同，但是贷款政策却各有不同。中国的住房公积金制度、新加坡的中央公积金制度（CPF）、菲律宾的住房发展基金（PAG – IBIG）采取同质化的信贷政策。具体而言，贷款的首付要求、贷款利率、贷款期限等信贷条件在所有申请者中均相同，并没有考虑申请者的收入差异（Chen and Deng，2014）。相反，巴西的工龄保障基金（FGTS）基于不同收入职工设定差异化的贷款利率并且对其购房面积和房屋的总价进行限制，防止低息贷款的过度使用。这种差异化的信贷政策在墨西哥表现得更为明显，墨西哥的全国劳动者住房公积金（INFONAVIT）和墨西哥的国家公职人员住房公积金（FOVISSTE）根据社会通货膨胀指数和社会最低收入水平来设定贷款利率和贷款限额，充分考虑贷款人的收入水平实行差异化的信贷政策（Audefroy，2013；Nascimento and Salinas，2020）。

　　（2）以低存低贷和交叉补贴为特征的互助支持

　　一是低贷的前提是低存。为了获得较低利息的贷款，多数的住房储蓄制度规定缴存者个人缴存资金必须承受较低的存款利率。然而，新加坡的中央公基金制度（CPF）却能为职工的个人缴存提供不低于市场化利率的存款利息。与其他住房政策不同的是，新加坡 1981 年成立的国有投资公司是法定的公积金投资机构，新加坡的中央公基金制度（CPF）归集到的资金由国有投资公司专项投资于公开市场，例如债券、存款、股票等，从而保证新加坡的中央公基金制度（CPF）缴存职工的个人资金也能够享有同等收益。

　　二是交叉补贴的互助特征。低存低贷使得缴存职工之间形成交叉补贴，进而使得形成了互助受益的机制。具体而言，当前需要住房融资的职工从其他缴存者的缴存资金中获得低息贷款，根据资金需求的时间不同缴存者之间能够形成"人人为我，我为人人"的互助局面。一般而言，这种交叉补贴的力度取决于两个方面：第一，没有获得低息贷款职工的比例；第二，低存低贷利率与市场利率之间的差值（Chiquier and Lea，2009）。

（3）以效应不足和公平风险为特征的政策挑战

基于不同国家的房地产市场发展程度和制度的执行差异，这种长期强制性储蓄计划在各个国家的政策效应不尽相同。在墨西哥，全国劳动者住房公积金（INFONAVIT）和国家公职人员住房公积金（FOVISSTE）发放的贷款额度占总住房贷款的80%以上，成为墨西哥政府实施的最成功的住房政策之一（Nascimento and Salinas，2020）。在新加坡，中央公基金制度（CPF）不仅是解决居民住房问题的重要金融制度，更是国家社会保险体系的核心（Chia，2015）。同样，住房公积金制度在我国的住房市场化改革中发挥的重要作用得到认可，并能够有效地提高职工的住房自有率（吴义东和陈杰，2020；王先柱等，2018）。尽管各国的住房制度均取得了一定的历史贡献，但这种强制储蓄、交叉补贴的住房制度仍然面临一些共同挑战。

一是制度的目标人群存在分化。由于其强制性储蓄的特征，此类制度对于正式工作的职工操作性更强，而这种情况在中国和尼日利亚表现得更为明显，正式单位的职工更受此类住房政策的青睐。

二是各个国家住房政策的效应也一直饱受争议。即便是在制度较为成熟的新加坡，由于公积金制度的储蓄过高而导致的消费不足问题也为新加坡政府在维持经济社会稳定方面带来挑战。尼日利亚共有约380万职工参与尼日利亚的住房基金（NHF）制度，但仅有1.2万人从尼日利亚的国家住房基金（NHF）制度中获得了低息贷款，尼日利亚的住房基金（NHF）对职工住房消费的支持力度十分有限（Mukhtar et al.，2016）。

三是缴存职工内部的交叉补贴导致的公平性不足也是各国制度面临的共同风险。有学者指出，菲律宾的住房发展基金（PAG-IBIG）制度导致高收入缴存者通过交叉补贴获得了更多的收益（Alonzo，1994；Datta and Jones，2001）。这种不公平性在尼日利亚的住房基金（NHF）中表现得更为突出，由于该制度对低收入缴存者的住房消费支持力度十分有限，尼日利亚职工对该制度的评价非常低（Aliu et al.，2017）。相反，基于政府担保和差异化信贷政策的巴西和墨西哥住房制度能够较好地解决公平性问题，能够使得资金通过交叉补贴的形式回流到低收入缴存者（Alvaro et al.，2017；Audefroy，2013；Nascimento and Salinas，2020）。然而，也有学者指出这种差异化的贷款策略也会导致社会经济的群体分裂（Monkkonen，2012）。此外，为低收入群体提供贷款意味着可能面临较高的违约风险，这对政府担保提出了较高的要求（Duren，2018）。

2.4　研 究 评 述

历经近 30 年的发展，国内外关于住房公积金制度及类似的政策性住房金融制度积累了丰富的文献，也为本书的研究提供了丰富的参考。上节回顾了住房公积金制度的演变历程，从支持住房消费的角度梳理了相关研究成果，比较了与住房公积金制度类似的住房储蓄计划在国际上的实践经验。对前期的相关研究可进行如下归纳。

消费端的政策性住房金融是住房公积金制度的主要落脚点。住房公积金制度从最初的供需两端的金融支持到完全服务于需求端的信贷工具，这种政策转变意味着住房公积金制度将提高住房消费水平作为其目标定位。因此，将住房公积金制度的研究聚焦于提升住房消费的效应评价是住房公积金制度改革的本质需求。

住房公积金对住房消费的支持效应可谓是毁誉参半。众多学者对住房公积金制度的历史贡献给予了充分肯定。然而，公平不足、有效性不高等依然是学术界普遍关注的对象，学者们围绕"政策定位""制度设计""消费结果"等角度开展了深入探讨。但住房公积金制度的改革取向在学术界依然百家争鸣，尚未达到共识。

提高住房消费支持效应是各国住房政策共同努力的方向。住房公积金制度并不是孤立的存在，政府主导下的住房储蓄模式广泛应用于其他国家。在不同的社会体制和经济发展水平下，各个国家的政策性住房金融各有异同，但提高制度对住房消费的支持效应无疑是各国共同努力的方向。如何在中国背景下吸收各家所长也是住房公积金制度发展的重要内容。

虽然现有文献围绕住房公积金开展了丰富的研究，但仍然有以下几点值得进一步深入探讨。

第一，住房公积金支持住房消费的评价框架尚未得到系统性的研究。政策工具是住房公积金发挥政策效应的直接手段和具体途径，现有文献大多关注住房公积金贷款这一单一工具，缺少对住房公积金制度全面的剖析和构建多维度的评估体系。

第二，城市宏观层面住房公积金政策效应的定量评价鲜有研究。受数据可得性的限制，只有少数学者依据个别城市对住房公积金制度的政策效应进行了相关研究。在住房公积金属地化管理及地区经济发展水平差异的情况下，个别城市的研究难以全面反映住房公积金在全国的运行效果及城市之间的差异。

第三，住房公积金制度存在争议的根本原因仍然有待进一步探讨。现有研究主要集中于从住房消费结果（是否购房）的角度考察住房公积金的政策效应，缺少从实施过程、机制设计和实施结果等角度对住房公积金进行全面的考察，对于其制度设计的合理性和具体机制在个体之间差异的相关研究仍然薄弱。

第四，基于政策模拟的住房公积金制度改革方案设计仍有待开展。现有研究中关于住房公积金制度改革方案的建议往往是基于定性判断的基础上提出，对可行性和具体方案的设计较少，基于定量模拟和"可视化"分析的优化模拟还较为少见。

第 3 章

住房公积金支持住房消费的
理论建构和评价框架

　　首先，本章从货币补贴、低息贷款和税收减免等方面分析了住房公积金支持住房消费的政策工具，阐述了互助理论、强制储蓄理论和资源配置理论等相关理论基础，并在此基础上构建了住房公积金支持住房消费的理论体系；其次，本章梳理了公共政策评价维度的构成以及主要的评价标准，为本书提供相应参考；最后，本章基于公共政策评价中的"事实维度—形式维度—价值维度"及有效性、公平性的评价标准构建了住房公积金支持住房消费的评价框架和测度指标，为下文的实证分析提供依据。

3.1　住房公积金支持住房消费的
政策工具和理论建构

3.1.1　住房公积金支持住房消费的政策工具

（1）货币补贴

　　与住房改革之前的单位提供实物住房不同，住房公积金制度实现了住房实物分配向货币化补贴的转变。由单位为职工缴存的住房公积金可以视为除职工工资之外的额外货币化补贴。

　　第一，从住房公积金制度成立的背景来看，在中华人民共和国成立之后到住房公积金制度建立之前的一段时间里，国有经济是我国公有制经济的重要组成部分，政府采取福利分房的形式解决城镇职工住房问题，职工将住房供给视为政府日常职责的一部分（刘洪玉，2011）。住房公积金制度的建立逐步打破了政府福利分房的格局，单位提供的住房货币化补贴取代了之前的实物住房分配。因此，这种单位补贴本质上是对原有住房福利分配的一种继承和延续，使得单位能够将原本用于公共住房的建设资金直接向职工发放（Deng et al.，2009）。

第二，从政策改革的内容来看，《建立住房公积金制度的暂行规定》规定，企业或事业单位的缴存资金来源为住房折旧或原有住房资金的划转。随着住房实物分配的全面结束，1999 年颁布的《住房公积金管理条例》则明确，企业或事业单位的缴存资金来源于企业成本或公共预算。显然，这一政策规定的变化也意味着单位为职工缴存的住房公积金是一种福利化的货币补贴，从原有的住房建设资金转为支持住房消费的住房补贴。

第三，从现实情况来看，住房公积金制度带来企业负担的增加也一直受到争论。2016 年 4 月起，为降低实体经济成本，减轻企业非税负担，国务院出台《关于改进住房公积金缴存机制进一步降低企业成本的通知》，对住房公积金的缴存基数和缴存比例进行了严格规范。2020 年 2 月，为应对新冠肺炎疫情对实体经济的冲击，黄奇帆建议取消住房公积金制度为企业减负。随后举行的国务院常务会议决定实施企业缓缴住房公积金政策以减轻企业人力成本。① 由此可见，住房公积金是企业除了正常人力成本支出之外的额外福利，降低企业缴存比例能够减轻企业的缴存负担（陈峰，2019）。

也有部分学者认为单位为职工缴存的住房公积金具有工资属性。主要观点包括：一是单位缴存部分是对国有经济体制下低工资的返还与补偿（曾筱清和翟彦杰，2006）；二是单位缴存部分是单位劳动力成本的固有成分，是市场经济下劳动力价值的体现，住房公积金制度是对职工部分固有工资流动性的强制性约束（朱婷，2012）。然而，这种观点实质上是对住房公积金强制性的一种否定（陈峰，2019）。在住房公积金覆盖面不足的背景下，这种住房工资是否全部实现对职工的分配转变也是工资属性观点持有者所面临的困境之一。此外，就当前国家对住房公积金采取的调控来看，政府通过规范和降低单位缴存的客观事实也使得工资属性说难以完全成立。

因此，本书参考刘洪玉（2011）的观点，单位缴存额是职工获得的额外的住房货币化补贴，如果不存在住房公积金制度，职工将无法获得这部

① 资料来源：清华大学互联网产业研究院。

分补贴。具体而言,单位提供的货币化补贴等同于提高了职工购房时的收入,进而支持职工的住房消费。

（2）低息贷款

住房公积金制度互助性的直接体现是缴存职工在住房消费时可以申请住房公积金贷款并提取个人账户的资金。按照上文的描述,住房公积金缴存职工在满足缴存期限后可获得利息较低的住房公积金贷款。如图 3.1 所示,以五年期以上贷款利率为例,住房公积金贷款利率基本上低于商业贷款利率 1.75% 左右。显然,对于未参与缴存住房公积金的职工而言,其通过商业银行贷款进行住房融资的成本要高于住房公积金贷款融资。

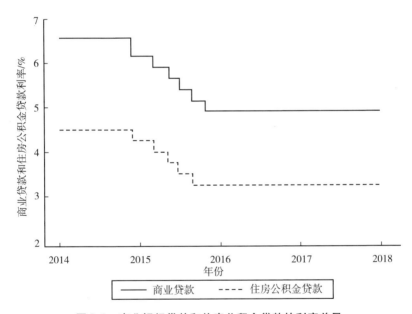

图 3.1　商业银行贷款和住房公积金贷款的利率差异

资料来源:中国人民银行调查统计司。

在强制储蓄的约束下,单位和职工的定期缴存资金形成一个庞大的资金池,这是住房公积金低息贷款的资金来源。在互助模式下,职工购房时所获得的住房贷款实际上是来源于未购房职工的缴存资金。一般而言,个人能够获得的住房公积金贷款额度取决于以下四个方面。第一,住房公积金贷款额度占总房价的比例不得高于中国人民银行设定的上限,一般为70% ~ 80%。第二,一些城市规定缴存职工能够获得的贷款额度与其个人住房公积金账户中的缴存余额挂钩。例如，上海市规定个人住房公积金贷款额度不得高于个人贷款账户余额的 30 倍，而杭州市将这一比例限定为15 倍。第三，为了减少资金的个人信贷风险，《商业银行房地产贷款风险管理指引》规定申请贷款的职工住房每月还款额与家庭可支配收入的比例不得超过 50%。第四，为了合理控制住房公积金的资金流动性风险，各城市根据本地住房公积金运行情况自主设定了住房公积金的贷款限额。例如，自 2015 年起上海市将双缴存职工最高贷款限额设定为 120 万元，广州市双缴存职工最高贷款限额为 100 万元。因此，相比较于商业贷款而言，住房公积金贷款等同于在职工购房时减轻了职工每月的还款额度，进而支持职工的住房消费。

（3）税收减免

根据我国个人所得税管理规定，职工住房公积金缴存资金在规定范围内可以在个人应纳税所得额中扣除。根据目前我国累进制的个人所得税征收办法，住房公积金对个人缴存部分的税收减免通过两种渠道对住房消费产生支持作用。一是直接降低征税的纳税基数。在一定的累进税率下，纳税基数越低的职工应税额越少。二是降低职工的纳税等级。目前我国根据职工收入实行七级超额累进税率，收入越高的职工需要征收的税率越高。由于个人缴存部分的资金在纳税额中扣除，可能会降低职工的纳税等级，即降低纳税的税率，进而减少职工的纳税额。这种税收激励同样有助于提高居民家庭的可支配收入，属于从税收渠道对住房消费的支持。

综上所述，如图 3.2 所示，住房公积金制度通过单位提供的货币化补贴、低息贷款以及税收减免三种政策渠道分别以增加收入和减少支出的形式支持职工的住房消费行为。

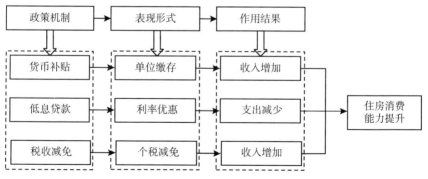

图 3.2　不同政策工具支持住房消费的机制

资料来源：笔者绘制。

3.1.2　住房公积金支持住房消费的相关理论

现有文献中，学者从福利经济学、制度经济学、社会排斥理论、社会保障基金理论等方面对住房公积金进行研究（孙玥，2014；朱婷，2011；李涛，2019；殷玉如，2015）。从本质上看，住房公积金实质上是在政府参与下具有强制性的长期住房储蓄计划，根据缴存生命周期内成员之间住房消费的时间差异实现住房消费的互助支持。这种互助效应实际上是住房公积金通过一定的制度设计对资源分配的结果。因此，本书聚焦住房消费，对相关理论梳理如下。

（1）互助理论

互助的思想由来已久，我国古代便有"一个篱笆三个桩，一个好汉三个帮""单丝不成线，孤木不成林"的说法。1688 年，英国著名的文学家、政治家，《鲁宾逊漂流记》的作者丹尼尔·笛福发表的《计划论》中提出了"互助会"的概念。笛福认为，人们在年轻健康的时候应该拿出一部分储蓄交给可靠的人进行保管或存入银行，当他们年老病衰而无力劳动的时候能够用当时的储蓄资金实现自养，而即便是自己不需要这部分资金，也可用其去救济有需要的人（谭磊，2012）。笛福的思想体现了资金通过代际转移实现互助的本质，较早地从资金的角度提出了互助的理念。19 世纪初，在英国面对严重贫困的背景下，苏格兰著名福音主义者托马斯·查尔莫斯主张除了自救和自立能力之外，不同阶层之间的互助也是消除贫困的重要途径。查尔莫斯认为阶层之间的互助应该建立在自愿的原则之上，富有阶层应具有更高的社会责任感（莫磊，2017）。1902 年，俄国著名的学者彼得·阿列克谢耶维奇·克鲁泡特金发表的《互助论》依据进化论提出了互助理论。与达尔文"物竞天择，适者生存"的竞争思想不同，互助理论认为互助生物界，包括人类，是通过互助得以不断进化发展。克鲁泡特金的互助理论传入中国之后，孙中山认为互助是减轻国家贫富差距、缓解社会矛盾的基本法则（周宁和宁宁，2006）。国家应该通过调节税收、合理分配和支援贫困地区等措施实现互助（何星亮，2012）。随着研究的深入和社会的发展，互助理论以广泛体现在养老、保险、金融、社会治理等各个方面（刘妮娜，2017；张海洋，2017；胡联等，2015）。从资源配置的角度而言，互助理论的主要思想是将社会成员中闲置或暂时闲置的资源进行集聚，形成一个资源系统，并按照一定的规则分配到有需要的成员中去（苑泽明和石敏，2007）。

（2）强制储蓄理论

互助理论所需的大数法则和长期法则可以通过强制储蓄理论很好地解决（王兰芳和黄亚兰，2010）。1930 年，奥地利经济学家哈耶克在《物价与生产》一书中，把强迫储蓄现象同庞巴维克的迂回生产理论相结合，创立了强迫储蓄理论（Levine，1988）。哈耶克把储蓄按性质分为自愿储蓄和强制储蓄，核心区别在于储蓄的主体是否是在主观上具有储蓄的意愿。就微观个体而言，自愿储蓄是个体经过对客观事情的判断之后采取的主观自愿储蓄行为。强制储蓄则是在一定的外界干预下个体的被动储蓄行为。凯恩斯的政府干预理论认为，单纯依靠市场力量无法实现经济的均衡，必须依靠市场这个"无形的手"与政府干预这个"有形的手"结合起来共同调节经济社会的运行。单纯依靠主观储蓄难以实现大数法则和长期法则，政府的力量在强制储蓄中表现出重要的推动力。

（3）资源配置理论

马克思在《资本论》中对资源配置问题进行了系统的论述，可以说是一部"资源配置史"。"按一定比例分配社会劳动"可以说是资源配置的较早表述。马克思认为，生产资料的分配是在产品分配之前，这种分配是客观存在的，但是在不同的外部环境下呈现不同的表现形式（殷雅卓，2014）。

在资源配置的方式上，马克思的《资本论》对市场配置、计划配置等资源配置的基本方式进行了详细的论述。市场配置又被亚当·斯密称为"看不见的手"，是以价值规律为基础的市场调节手段，广泛存在于经济活动中。计划分配则是在更高的社会发展阶段形成，是根据社会成员的需要有计划地分配社会劳动，实现资源有意识地进行调节，可以认为是一种"看得见的手"。同时，马克思还意识到在社会主义发展的初级阶段，计划和市场都是资源配置的重要形式，两者共存是必然的并且缺一不可（顾习龙，2012）。

3.1.3　住房公积金支持住房消费的理论建构

在货币补贴、低息贷款、税收减免的政策工具以及互助理论、强制储蓄理论、资源配置理论的基础上，本书构建了住房公积金支持住房消费的理论体系，如图 3.3 所示。

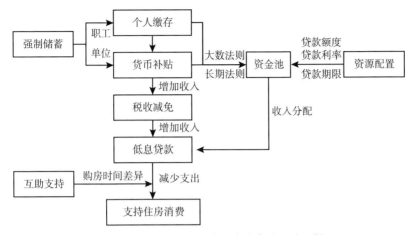

图 3.3　住房公积金支持住房消费的理论逻辑

资料来源：笔者绘制。

（1）相关理论在住房公积金中的具体表现

①互助理论在住房公积金中的具体表现

互助理论体现在住房公积金的金融支持过程中。住房公积金制度能够得以建立并长期运行的核心基础是基于"人人为我，我为人人"的互助理论。互助理论对住房公积金制度的设立和运行起到了重要的支撑作用，而住房公积金制度也是互助理论最好的体现之一（陈峰和张妍，2018）。根据《住房公积金管理条例》，住房公积金具有明显的互助属性。其运行的基本原理是通过行政法规的推动汇集来自单位和个人的储蓄资金并形成一个庞大的资金池，利用缴存职工购房时间的不同从而实现内部的资金互助，即当有人需要购房时可以借助别人未使用的资金获得住房融资。在不考虑时间成本的情况下，假设有 10 个人分别准备购买价值 50 万元的住房，如果每个人的年住房储蓄都是 5 万元，则每个人都需要存款 10 年才能购房。在互助理论的基础上，如果这 10 个人联合存款并互相帮助，则第　年的年底 10 个人的共同储蓄额为 50 万元，在其余 9 个人的帮助下第一个人就可以实现购房。获得的 45 万元住房融资如果第一个人按照每年 5 万元偿还，需要 9 年还清。以此类推，到第 10 年时最后一个人也可以在别人的帮助下购买住房。因此，加权平均后每个人的平均购房时间为 5.5 年，比个人单独储蓄的购房时间提前了 4.5 年（孟昊，2016）。因此，这种资金的互助大大提高了资源的配置效率，通过群体之间的互相帮助有效地解决住房资金短期的问题。

从生命周期的角度来看，互助理论意味着必然会存在一部分人暂时或长期存在利益损失。因为在互助的过程中一部分人将其资源转移到另一部分人身上，却并非及时获得对等的回报。住房公积金根据不同类型家庭的不同住房偏好、住房价值、购房时间等因素运行，"低存低贷"是最明显的互助表现。具体而言，有购房需求的缴存职工（受助者）通过支付较低的利率从其他职工那里获得住房融资，而当前无购房需求的缴存职工（帮助者）获得较低的存款利率。实际上，在无住房需求的时间段内，帮助者在某种程度上是利益损失者，只是这种"低存"的利益损失在未来购房时能够被"低贷"所补偿。因此，互助理论需要下面两个法则作为基础支撑。

第一个是大数法则，即参与互助的个体必须足够多。在受助者需求量一定的情况下，如果有足够多的人缴纳了住房公积金，则平摊到每一个帮助者身上的利益损失就越小。当这种人均利益损失最小或者可以忽略不计时，互助的效果就达到了最佳水平（张东，2002）。

第二个是长期法则，即个体的参与时间必须足够长。一方面，个体参与的长期性能够实现稳定的资金供给，从而保证互助效应的持续发生。另一方面，在损失既定的情况下时间分布的越长则单位时间内的利益损失就会越小。同样，当单位时间内的损失最小或者可以忽略不计时，互助的效果就会越好。

②强制储蓄理论在住房公积金中的具体表现

强制储蓄理论体现在资金归集层面。在强制储蓄理论的支持下，所有城镇在岗职工均需按照要求参与住房公积金制度，并且只有当职工发生住房消费、丧失劳动能力并解除劳动关系、出境定居以及离退休等情况下可以提取使用个人的住房公积金。也就是说，在政府行政法规的规定下，职工在岗期间需要强制性的长期缴存住房公积金，这种强制储蓄的资金归集保证了互助理论所必需的大数法则和长期法则。

与自愿储蓄不同，住房公积金的强制储蓄具有以下两个特点。首先，缴存职工对个人资金的支配权由主动变为被动。在强制储蓄的约束下，缴存职工无法对个人缴存的资金自由支配。由于强制性储蓄的资金可能并非缴存职工的可流动资金，强制储蓄还可能弱化家庭资产的有效配置。其次，强制储蓄带来个体损失的非均衡分布。著名经济学家马尔萨斯指出，强制储蓄给人带来的损失因人而异，在参与者之间的分布是差异的。这一点在住房公积金制度中的表现更为明显。在缴存职工中，个体收入差异表现明显，住房消费的时间、住房消费水平也各有不同，因此缴存职工在互助过程中的利益损失也具有差异性。

虽然部分国家实施自愿储蓄的模式进行资金的归集，但就我国住房公积金制度的实际情况来看，强制储蓄依然具有必要性。首先，自愿储蓄模式要求居民具有充分的闲置资金，但在发展中国家居民的积蓄潜力往往有限；其次，基于互助效应的大数法则和长期法则，自愿储蓄必须具有庞大的缴存人群才能形成规模效应，而且需要政府投入大量的财政补贴及税收优惠作为支持。参考德国住房储蓄银行的经验，我国在 2004 年组建了中德住房储蓄银行，但其发展过程依然缓慢。根本原因在于自愿储蓄模式难以实现资金的规模效应（周翔，2018）。

③资源配置理论在住房公积金中的具体表现

资源配置理论体现在住房公积金的作用机制中。住房公积金从资金的归集到资金的使用是通过一定的制度设计实现资源配置的过程，其根本落脚点在于通过改变缴存者的收入实现对职工住房消费的支持。关于住房公积金的资源配置近年来也逐渐受到学者的关注（卢云鹤和万海远，2021；柳歆等，2019；詹鹏等，2018）。住房公积金对资源配置的过程主要表现为两个方面，作用机制如图 3.4 所示。

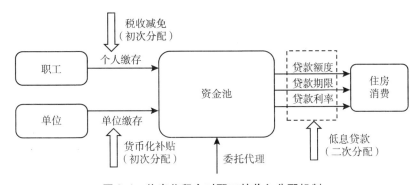

图 3.4　住房公积金对职工的收入分配机制

资料来源：笔者绘制。

收入初次分配。初次分配是按照生产要素对资源的第一次分配。如上文所述，单位为职工提供的货币化补贴可用于职工住房消费，相当于增加了缴存职工的收入。单位货币化补贴的多少由住房公积金缴存比例和职工的收入水平决定，因此单位的货币补贴实质上实现了对职工收入的初次分配。此外，税收减免的多少由个人缴存资金决定，也体现了住房公积金对职工收入的初次分配效应。

收入再次分配。再次分配是在外界力量的干预下对资源的第二次分配。单位和个人缴存的住房公积金汇聚成一个庞大的资金池，住房公积金管理委员会通过委托制定银行进行资金管理，通过相应的信贷规则制定（贷款额度、贷款期限、贷款利率）在缴存职工住房消费时发放住房贷款。由于不同收入水平的缴存职工通过资金池获得的住房公积金贷款规模不同，其通过住房公积金贷款获得的杠杆效应存在差异。因此，住房公积金实际上通过向缴存职工提供低息贷款的形式实现了在缴存职工内部的收入二次分配。

（2）相关理论作用于政策工具的逻辑关系

首先，通过强制储蓄归集到来自职工和单位的缴存资金并形成满足大数法则和长期法则的资金池，是保证资金规模和资金稳定的基础支撑，为低息贷款提供保障。在强制储蓄的过程中，单位缴存资金体现了货币补贴的政策工具。在此基础上，进一步通过免除个人和单位缴存资金税收的形式体现了税收减免政策工具。

其次，通过资源配置理论将归集到的资金按照职工贷款额度、贷款利率、贷款期限等差异在缴存职工之间实现资源的再分配，体现了对职工收入再分配的过程，进而通过低息贷款的政策工具减少职工住房消费支出。

最后，互助支持是住房公积金依托各政策工具支持住房消费的核心。归集到的资金通过一定的资源配置之后，根据缴存职工在缴存周期内住房消费的时间差异，能够实现后来购房者支持前期购房者的住房消费。

3.2 公共政策的评价维度和评价标准

住房公积金是一项在政府干预下的公共住房政策，对其政策效应的评价应在公共政策的评估维度和标准下结合住房公积金的政策内容开展。

3.2.1 公共政策的评价维度

有政策，就存在对政策评估的研究。在政策的实施过程中，尤其是在实施之后，对相关方案的制订以及执行水平进行总结评估非常重要。

　　从公共政策评价的维度来看，1963 年哈德罗·拉斯韦尔在《决策过程：功能分析的其中类别》一文中，将"评鉴功能"定义为"就公共政策的因果关系作事实上的陈述"。这一说法可能是对政策评估最早的定义（张国庆，2019）。这一定义不仅要求对政策产生的原因、执行的过程和实施的结果进行分析，还要求对原因和结果之间的关系作出陈述，但没有提出对政策价值的判断（张国庆，2019）。后来，查尔斯·琼斯在《公共政策研究导论》中指出，"政策评估是指在政策执行之后，有关部门对政策执行情况加以说明、检核、批评、度量与分析"。这一定义突破了哈德罗·拉斯韦尔将政策评估视为"事实描述"的观点，指出了政策评估中"价值判断"的需求。纵观公共政策的发展历程，其评价维度经历了从单一维度向多元维度的转变（彭忠益和石玉，2019；马国贤和任晓辉，2012）。

　　第一阶段为单一评价维度阶段。受实证主义思想的影响，此时的政策评价强调将事实和价值严格分开，即"事实—价值"两分法，他们认为公共政策评估应"价值中立"，强调计算政策所产生的效率和有效性，往往基于成本—效益分析、投入—产出分析、多元回归分析等方法进行相应的实证研究（张国庆，2019）。

　　第二阶段为"事实—价值"联合评价阶段。后实证主义者在研究中对"价值中立"的观点提出了批评，他们指出，效率、效能固然重要，但是这一切的目的是什么？他们认为没有弄清楚政策价值问题而进行的评估可以认为是"伪评估"。他们认为事实与价值是相互联系的，应该进行综合的政策评价，在方法上还提出了同时验证经验主义与规范政策判断的分析框架。针对事实与价值的双重维度评价，在后来的研究中有学者对相关标准进行了界定。例如陈振明（2003）认为公共政策的评价应该从生产力、效益、效率、公正和政策回应等方面入手；王骚（2010）提出绩效、效率、充分性、公平性、社会指标等八个评价指标分别对事实和价值两个维度进行评价。

　　第三阶段为多维度综合评价阶段。该阶段的主要标志是学者们意识到政策手段对于政策评价的重要性。例如有学者主张将规范（norms）纳入公共政策的评价体系。他认为价值的每一部分都会导致规范的建立，价值为规范的合理性提供依据，规范越普遍，越难把它从价值中分离出来（威廉·N. 邓恩，2011）。这里的规范，实质上可以理解为实现政策目标的途径，是连接事实和价值的重要纽带和桥梁，是将政策目标转化为具体行动的路径和机制（李晓冬，2020）。在我国的公共政策研究中，学者们从公共政策的形式维度去评价政策的制度设计问题，由此进一步形成了"事实维度—形式维度—价值维度"为特征的多维评价体系（张润泽，2010；彭忠益和石玉，2019；李晓冬，2020；马国贤和任晓辉，2012）。具体而言，各维度评价的具体内涵如下。

（1）事实维度的评价内涵

事实是公共政策在运行过程中的客观反映，表现为是否能够有效地实现既定的政策目标以及具体的运行水平。事实维度评价是对政策实施过程评估的直接体现，表现为公共政策在执行过程中的事实行为（范瑾，2020）。事实维度的评估往往注重对公共政策执行过程的评估，即通过将公共政策目标转化为可测量的客体，并测度政策执行的事实行为和目标之间的实现程度（Simeon，2003；陈玉龙，2015）。就评价内容而言，事实维度评价主要包括公共政策的实施效率、产生的政策效果和实际影响（刘金林，2011）。

（2）形式维度的评价内涵

形式维度评价是对政策机制的内容评估，是破解政策执行策略这一黑箱的关键，是从规范的角度分析公共政策的形式合理性（威廉·N. 邓恩，2011）。这里的政策机制是指为了实现公共政策的目标而采取的一系列手段、路径和技术方法。在一定的政策目标下，政策机制的设计是否恰当决定了公共政策执行的最终结果（赵莉晓，2014）。因此，公共政策执行的过程就是政策机制设计、选择和应用的过程。对形式维度的评价也往往关注政策设计的合理性、合法性、规范性等（李晓冬，2020）。

（3）价值维度的评价内涵

价值维度评价是对政策价值的评估，是政策实施结果的表现。以西蒙为代表的有限理性主义认为政策评估不仅要依靠事实要素，还需要考虑其价值结果。与事实维度强调过程性的评价内容不同，价值维度的评价更关注结果。威廉·N. 邓恩（2011）认为，广义的价值可以理解为"公共政策对绝大多数公民有效"。价值维度评价的主要内容包括：政策实施结果的公平性、是否兼顾参与主体的发展性和政策的可持续性以及公共政策的实质合理性（李允杰和丘昌泰，2008）。

3.2.2 公共政策的评价标准

公共政策评价的前提是建立相应的标准，基于不同的评价目标，评价的标准选择可能不尽相同。一般而言，公共政策最常用的评价标准主要涉及以下几个方面（谢明和张书连，2015；马国贤和任晓辉，2012）。

（1）高效性

高效性也可以理解为高效率。效率是指对社会资源的高效使用以满足人类的需求。对于政策效率而言，通常表现为在既定政策投入的情况下能够带来的政策产出水平，反映的是政策投入与政策产出之间的关系。以最低的政策投入实现最大的政策产出是高效率的表现。新制度经济学认为，人们往往具有分析比较成本的收益的能力，这种经济性选择的结果最终产生了相应的制度。由此而言，公共政策可以理解为在政府的参与下，为了实现政策的既定结果，通过对比投入与产出而形成的一种具有选择性的制度安排（吴鸣，2004）。

（2）有效性

有效性可以理解为公共政策的产出，是实现公共政策目标的程度（张骏生，2006；王彩波和丁建彪，2012）。基于政策的实施前状态、实施后状态以及政策的目标状态，政策效果的评价可以分为两个层面。一个层面是政策的实际效果，此时有效性的评价重点考察的是公共政策在实施前后的状态具有多大程度的差异。在这个层面上对住房公积金制度的衡量主要表现为与不存在住房公积金制度相比，实施住房公积金制度后对职工住房消费能力带来了多大程度上的支持。另一个层面是政策执行的充分性，充分性的评价重点考察的是一个公共政策所产生的实际效果与政策既定目标之间的关系。充分性分析往往具有明确的目标并能够量化对比。对住房公积金政策充分性的评价是基于住房公积金制度对住房消费水平的实际提升效应与其政策目标的比较，例如，住房公积金是否能够将职工的住房支付能力提高到正常范围。

（3）公平性

公平性可以理解为公正、合理，是指某种社会资源（包括投入、收益等）在所有参与者之间能够公平的分配。住房公积金是通过一定的制度设计实现对参与者住房金融支持的公共政策，因此其公平性含义主要侧重于经济公平，包括经济竞争中的机会公平、规则公平和结果公平（刘洪玉，2011）。

机会公平。机会公平是指在竞争的经济环境下，进入市场的机会能够平等地分配给每一个人，不因个人的自然禀赋、区域环境、家庭背景等外部特征而存在差异。对于住房公积金而言，机会公平主要指所有职工都有均等的机会参与住房公积金制度，没有制度参与的歧视。

规则公平。规则公平也称为形式公平、实质公平，意味着经济活动的参与者面对的是平等的、普适性的原则。市场经济得以持续发展的基本命题就是规则平等。对于住房公积金而言，规则公平主要是指其机制设计的内容对所有参与者而言是公平的。

结果公平。结果公平是规则公平的最终表现。在经济活动中，结果公平是指经过一定的规则设计，资源对所有参与者的分配结果是合理的。对于住房公积金而言，结果公平是指缴存职工在住房消费时获得平等的政策收益，即不同收入的缴存职工均能够获得同等的政策支持。

（4）经济性

经济性可以理解为资源的投入水平，是指在一定的产出水平下投入最少的资源。对于公共政策而言，其经济性往往表现为在达到一定的政策目标的前提下，如何实现支出最小。与高效性不同，经济性反映的是成本问题，而高效性反映的是产出问题。经济性评价往往从时间型（例如，投资回收期）、价值型（例如，净现值、净年值）和效率型（例如，投资收益率、净现值率、效益费用比）等指标（吴鸣，2004）。

3.2.3 各评价维度的标准选择

通过上文的分析可以看出，公共政策的评价维度与评价准则之间彼此联系、紧密配合。基于不同的评估维度，相应的准则选择也各有侧重。例如，张润泽（2010）认为事实维度的评价应关注政策效果、政策效率以及政策的影响；形式维度的评价应关注政策文件的明确性、体系的一致性和程序的法定性；价值维度的评价应关注社会生产力、社会公正以及人的全面发展。宁骚（2011）将事实标准概括为效率、效益、影响；将价值标准概括为生产力发展、公正和可持续发展；谢明（2012）将事实标准界定为投入与产出的比例、目标实现程度与范围、对社会的影响程度；将价值标准界定为坚持社会公正、有利于社会生产力发展等；陈玉龙（2015）建议将政策充分性和实际效果的角度作为事实维度的标准；将公平性、回应性、发展性作为价值维度评价标准。李暄晖（2006）将三个评价维度应用于法理学研究，并指出事实维度主要是分析政策的实际有效性，形式维度是政策的规则合理性，价值维度是政策的实质合理性。

3.3　住房公积金支持住房消费的评价框架和指标体系

3.3.1　住房公积金政策效应的评价框架

（1）评价标准的选择

结合公共政策评价标准的内涵以及本书考察住房公积金对住房消费支持效应的研究视角，本书选择有效性和公平性作为下文的评价标准，如图3.5 所示。主要原因有两点。第一点是高效性评价标准主要反映的是政策效率。作为公共住房金融政策，住房公积金政策的本质是一种补贴，其政策效率本质上是指补贴的等效金额与政府提供补贴的成本之间的比值，具体表现为以尽可能小的成本实现尽可能大的政策效果，从而减轻政府的财政负担（刘洪玉，2011）。第二点是经济性的评价主要考察的是住房公积金制度的经济节约性，具体表现为政府补贴所产生的投资回报和经济收益。虽然高效性与经济性的评价虽然也是住房公积金政策研究的重要内容，但并不能直接的反映其对住房消费的支持效应问题。

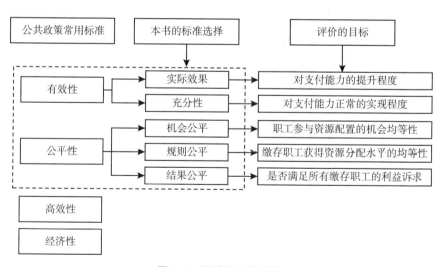

图 3.5　评价标准的选择

资料来源：笔者绘制。

（2）评价框架构建

从"事实维度—形式维度—价值维度"的公共政策评价维度来看，住房公积金的政策目标在于提高居民的住房消费水平；机制在于通过货币补贴、低息贷款和税收减免的政策工具，在互助的金融支持、强制储蓄的资金归集下，通过资源的配置过程实现对职工的住房支持；价值在于对职工住房消费能力和住房消费行为的支持结果具有社会公平性和可持续发展性。

因此，基于有效性（实际效果、充分性）以及公平性（机会公平、规则公平、结果公平）的标准选择，本书构建了住房公积金政策效应评价的总体框架，如图 3.6 所示。

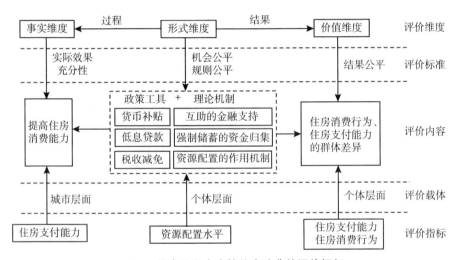

图3.6　住房公积金支持住房消费的评价框架

资料来源：笔者绘制。

①事实维度评价

本部分选择有效性作为评价标准。住房公积金通过提高住房支付能力进而支持住房消费，因此有效性评价的主要目标在于考察住房公积金围绕提高住房支付能力的执行过程所产生的支持效应。一是住房公积金在实施前后对职工支付能力带来多大的提升，即政策的实际效果；二是住房公积金政策效果对既定目标（职工支付能力正常）的实现程度，即政策的充分性。

基于住房公积金属地化的管理模式以及因城施策的背景，事实维度的评价载体落脚于城市层面，测度住房公积金支持住房消费的过程有效性，并进一步考察可能存在的城市差异。此外，考虑个体差异的有效性评价将在价值维度评价中有所体现。

②形式维度评价

本部分选择机会公平性和规则公平性作为评价标准。对于住房公积金而言，政策工具对资源的再次配置是其发挥政策效应的主要渠道，而这种资源配置过程的参与者是职工。从这个层面来看，形式维度的评价反映的是住房公积金制度设计对所有职工的公平性：一是从机会公平的角度考察是否所有职工都能均等地参与资源分配；二是从规则公平性的角度考察缴存职工是否能够获得平等的资源分配。

基于住房公积金支持职工个体住房消费的角度，形式维度的评价载体落脚于个体层面，分析住房公积金的政策工具通过制度的机制设计在职工之间产生的资源配置效应，测度职工在资源配置过程中通过不同的政策工具产生的具体收益程度。

③价值维度评价

本部分选择结果公平性作为评价标准。住房公积金对所有缴存职工的住房消费结果带来平等的支持是其社会价值的体现，同时也是其制度发展性和可持续性的根本保证。在存在收入差异的背景下，不同收入缴存职工在住房公积金政策支持下住房消费行为的差异反映了政策实施结果的公平性。如果住房公积金实施的结果只是对特定群体发挥了效应，则无法契合不同利益群体的价值需求。因此，价值维度的评价表现为住房公积金是否满足所有缴存职工的利益诉求，是否实现了应有的价值。

价值维度的评价载体落脚于个体层面，在从全样本角度分析住房公积金对住房消费支持效应的基础上进一步按照收入差异将群体进行分组，基于住房消费行为和支付能力提升的角度考察住房公积金对不同收入缴存职工政策效应的差异，以此进行价值维度的评价。

3.3.2　住房公积金政策效应评价的指标体系

（1）事实维度评价指标

①住房支付能力指标的选择

如上文所述，事实维度的评价目标在于考察住房公积金对提高职工住房支付能力的政策有效性。目前普遍采用的反映住房支付能力的指标主要

包括房价收入比指数、住房可支付指数、月供收入比指数、剩余收入支付
能力指数等（张清勇，2011）。

a. 房价收入比。房价收入比（housing price to income ratio，PIR）是
国内外用于衡量一个地区房地产市场发展水平和居民住房支付能力的重要
指标之一（沈久沄，2006）。目前房价收入比计算通常按照本地区人均建
筑面积和人均家庭人数计算，即获得相应住房的平均价格与该地区家庭的
平均收入之比（刘海猛等，2015；施建刚和颜君，2015；朱建君和贺亮，
2008；范超和王雪琪，2016；贾生华和戚文举，2010）。计算过程可表示
如式（3.1）。其中，AHP 为该地区住房平均价格；$size$ 为该地区人均建筑
面积；pop 为该地区家庭户均人数；$income$ 为该地区人均可支配收入。

$$PIR = \frac{AHP \times size \times pop}{income \times pop} \tag{3.1}$$

世界银行对中国住房问题的研究报告中指出，中国较为合理的房价为
收入的 $4 \sim 6$ 倍（Lau and Li，2006）。这一区间也被广泛采用于评价我国
住房市场的发展情况（周义，2013；施建刚和颜君，2015）。

b. 住房可支付指数。住房可支付指数（housing affordability index，
HAI）由全美房地产经纪人协会（national association of realtors，NAR）开
发，在家庭收入和房价的基础上进一步考虑了住房贷款情况，能够反映在
申请住房贷款情况下家庭住房支付能力及其变化情况。该指数的基本计算
方法如式（3.2）。其中，φ 是家庭收入每月用于住房消费的比例上限；
$down$ 表示申请住房贷款时的最低首付比例；r 表示住房贷款的利率；
$term$ 表示住房贷款的还款期限。

$$HAI = \frac{income \times \varphi}{AHP \times size \times (1 - down)} \left/ \left[\frac{r}{12} \times \frac{\left(1 + \frac{r}{12}\right)^{term}}{\left(1 + \frac{r}{12}\right)^{term} - 1} \right] \times 100\% \right. \tag{3.2}$$

由此可见，当 $HAI = 1$ 时，意味着家庭每月用于住房消费的资金正好
能够偿还每月的住房月供，此时定义为家庭支付能力正常；当 $HAI > 1$，
说明家庭对住房的负担能力更强；当 $HAI < 1$，说明家庭的住房支付能力
不足。

c. 月供收入比。需要注意的是，HAI 指标的计算是在确定家庭收入
每月用于住房消费的比例上限的基础上分析住房的支付水平。在实际研
究中，人们往往更关注家庭住房贷款支出与家庭收入的异质性。月供收
入比（repayment to income ratio，RTI）在评价住房支付能力越来越受到

关注，其本质上是对 *HAI* 指数的修正和变异。该指数的基本计算方式如式（3.3）。

$$RTI = AHP \times size \times (1 - down) \times \frac{r}{12} \times \left. \frac{\left(1 + \frac{r}{12}\right)^{term}}{\left(1 + \frac{r}{12}\right)^{term} - 1} \right/ income \quad (3.3)$$

d. 剩余收入支付能力指数。剩余收入支付能力指数（residual income affordability，RIA）更侧重于对家庭非住房成本支出的关注，比如家庭饮食、衣着、健康、教育、交通等，重点考察在满足一定生活品质的基础上的住房支付能力。"剩余"来自斯通（Stone，1996）关于住房贫困的概念，其核心解释在于，如果一个家庭具有足够的住房支付能力，则其家庭收入在扣除每月的住房支出后能够满足其日常生活开支。该指数的基本计算方式如式（3.4），其中，*livingcosts* 为家庭非住房成本支出。

$$RIA = income - livingcosts - AHP \times size \times (1 - down) \times \frac{r}{12} \times \frac{\left(1 + \frac{r}{12}\right)^{term}}{\left(1 + \frac{r}{12}\right)^{term} - 1}$$

$$(3.4)$$

可以看出，当 *RAI* ≥ 0 时，意味着家庭扣除生活支持之后的剩余收入能够支付住房贷款月供；当 *RAI* < 0 时，则意味着家庭的剩余收入支付能力不足。

e. 支付能力测度指标的对比。通过上述分析可以看出，针对住房支付能力的每一种指标的计算过程各不相同，指标也各有侧重，如表 3.1 所示。具体而言，房价收入比指数重点在于测度家庭全款购买住房时的支付能力的大小；住房可支付性指数、月供收入比指数和剩余收入支付能力指数主要从住房贷款的角度出发，重点考虑家庭对住房贷款月供的支付水平，更符合本书对住房公积金制度的研究实际。然而，一方面，住房可支付性指数测算的前提是明确一个家庭中每月用于住房支出的占比；另一方面，剩余收入支付能力指数测算的前提是对家庭生活支出的确定（Stone，2006），但是生活成本的测度标准难以统一，而且高收入与低收入家庭在生活支出上存在较大差异，难以进行准确的界定（施建刚和颜君，2015）。本章研究的目标是判断在住房公积金制度支持下家庭住房支出与家庭收入的动态变化，因此月供收入比指数更能表达本章的研究内容。

表 3.1   主要测度指标的比较

测度指标	指标缩写	是否考虑房价	是否考虑收入	是否考虑贷款	是否考虑生活支出
房价收入比	PIR	是	是	否	否
住房可支付指数	HAI	是	是	是	否
月供收入比	RTI	是	是	是	否
剩余收入支付能力	RIA	是	是	是	是

②实际效果的评价指标

基于上述分析，本章选择月供收入比作为住房支付能力的测度指标，用以分别评价住房公积金政策效应的实际效果及政策的充分性。

住房公积金的实际效果 $RRTI$ 可表示为式（3.5），其中，RTI_{NOHPF} 为假设没有住房公积金制度时家庭的月供收入比，RTI_{HPF} 为在住房公积金支持下的月供收入比。

$$RRTI = (RTI_{NOHPF} - RTI_{HPF})/RTI_{NOHPF} \qquad (3.5)$$

③充分性的评价指标

充分性评价的前提是明确住房公积金在提高支付能力方面的目标，参考吴璟等（2011）的做法，本章以支付能力正常为政策的目标状态。

关于月供收入比正常的区间范围，国内外学者开展了大量的讨论。早期的经验法则来自"周新抵月租"，即每月的房租支出占家庭月收入的 25% 是相对合理的（Kutty，2005）。随着月供收入比的广泛采用，国内外学者在研究中普遍将 RTI < 0.3 作为住房可支付的评价依据（Acolin and Green，2017；Baker et al.，2016；Wood and Ong，2011；吴刚，2009）。此外，为了管控信贷风险，《商业银行房地产贷款风险管理指引》规定申请贷款的家庭住房贷款月供与家庭收入的比例不得超过 50%。因此，本章将 $RTI \leqslant 0.3$ 设定为支付能力正常，$RTI > 0.5$ 设定为支付能力较弱，作为下文测度住房公积金政策充分性的依据。具体评价准则如表 3.2 所示。

表 3.2   月供收入比指数的判定标准

类别	区间
支付能力正常	$RTI \leqslant 0.3$
支付能力不足	$0.3 < RTI \leqslant 0.5$
支付能力较弱	$RTI > 0.5$

（2）形式维度评价指标

①机会公平评价指标

机会公平旨在考察在强制储蓄的背景下，是否所有职工能够有均等的机会参与住房公积金制度。由于职工是否参与住房公积金制度是一个二元变量，因此可通过如下 logistic 模型进行分析，如式（3.6），其中，X_i 表示职工个体特征的集合，包括收入特征、职业特征、教育特征、政治面貌等。

$$P(HPF_i = 1) = \alpha + \sum \beta X_i + \varepsilon \tag{3.6}$$

②规则公平评价指标

住房公积金对资源的配置具体表现为对职工购房时的收入分配效应，并且通过单位补贴、低息贷款和税收减免的政策工具实现。因此，资源配置是否公平是住房公积金制度规则公平性的重要体现。本章选择基尼系数和 RE 指数对住房公积金资源配置的公平性进行评价。

a. 基尼系数。基尼系数是目前国际通用的评价地区居民收入差距的常用指标，是 1912 年意大利经济学家基尼在洛伦兹曲线的基础上提出了反映收入分配公平性的指标。基尼系数的数学表达式如式（3.7）。其中，G 为需要测度的基尼系数；n 为样本中个体数量；μ 为样本中个体收入的均值；$|Y_j - Y_i|$ 表示样本中任意一个个体 j 和个体 i 收入差的绝对值。

$$G = \frac{1}{2n^2\mu} \sum_{j=1}^{n} \sum_{i=1}^{n} |Y_j - Y_i| \tag{3.7}$$

b. RE 指数。RE 指数由马斯格雷夫和斯印（Musgrave and Thin）于 1948 年提出，是基于基尼系数测度收入分配效应的指数，其数学表达式如式（3.8）。其中，G 表示住房公积金分配之前的缴存职工收入的基尼系数；G^Δ 表示缴存职工通过住房公积金贷款购房后，即住房公积金进行收入分配后的基尼系数。

$$RE - G^\Delta - G \tag{3.8}$$

进一步地，假设住房公积金贷款对 n 个缴存职工进行了收入分配，在相应政策工具支持下职工购房时的等效收入的平均值记为 μ^Δ，此时个体 j 和个体 i 等效收入差的绝对值记为 $|Y_j^\Delta - Y_i^\Delta|$，此时住房公积金产生收入分配效应后的基尼系数可表示为式（3.9），RE 指数可表示为式（3.10）。

$$G^\Delta = \frac{1}{2n^2\mu^\Delta} \sum_{j=1}^{n} \sum_{i=1}^{n} |Y_j^\Delta - Y_i^\Delta| \tag{3.9}$$

$$RE = \frac{1}{2n^2\mu}\sum_{j=1}^{n}\sum_{i=1}^{n}|Y_j - Y_i| - \frac{1}{2n^2\mu^\Delta}\sum_{j=1}^{n}\sum_{i=1}^{n}|Y_j^\Delta - Y_i^\Delta| \qquad (3.10)$$

此时，若 $RE > 0$，则说明住房公积金对缴存职工收入分配起到正向调节作用，即住房公积金在住房消费过程中有利于缓解参与职工的收入不平等；若 $RE < 0$，则说明住房公积金加剧了参与职工的收入差距；若 $RE = 0$，则说明住房公积金对收入分配没有发挥作用。

（3）价值维度评价指标

价值维度的评价反映的是在住房公积金的支持下缴存职工住房消费的结果是否具有公平性。此处的住房消费结果包括两个方面，一是缴存职工住房消费的行为，二是住房支付能力。通过居民收入水平进行分组检验，如果住房公积金的政策效应存在显著的群体差异，尤其是对低收入缴存职工效应较弱的话，则住房公积金的政策效应存在结果不公平的风险。关于住房消费行为，本章从以下三个方面考察。

首先，按照本章对住房消费的概念界定，住房消费包括住房购买和住房租赁，而住房购买是住房公积金支持住房消费的主体内容。

其次，由于住房兼具社会性和经济性，住房消费的目的可以分为两类：一类是基础性的居者有其屋，即通过住房购买实现住房自有，从而实现居住需求，可以归纳为唯一住房消费；另一类是在满足居住需求的基础上进一步将住房作为一种投资品而产生的住房投资行为，可以归纳为多套住房消费，或住房投资消费。

最后，住房消费发生的时间不仅反向改变了居民住房消费的融资约束，还决定了住房的资产价值。自住房商品化以来，我国房价持续上涨，在消费者的生命周期内，房价的提高意味着消费者的融资约束加大。同时，无论住房是居住属性还是投资属性，其资产价值均发生了较大变化。

因此，本章从住房购买、住房投资、购房时间等角度表示住房消费行为，具体内容如下。

（1）住房购买

本章定义的住房购买是区分于未获取住房产权的行为，住房购买可以定义为一个二元变量（购房 = 1；未购房 = 0），其中，住房购买是一个结果变量。因此，本章采用二元 logistic 模型考察住房公积金对住房购买的支持效应，可用式（3.11）表示。其中，$p(housing\ purchase)$ 为居民购房的概率；β_0 为常数项；HPF 是一个二元变量（缴存住房公积金 = 1；未缴存住房公积金 = 0）；X_i 为可能影响住房购买行为的其他控制变量；ε_i 为随机扰动项。

$$\ln\left(\frac{p(housing\ purchase)}{1 - p(housing\ purchase)}\right) = \beta_0 + \beta_1 HPF + \beta_2 X_i + \varepsilon_i \qquad (3.11)$$

在回归结果中，如果 HPF 的系数 β_1 显著为正，说明住房公积金对职工的住房消费具有正向支持作用；如果系数 β_1 显著为负，说明住房公积金抑制了职工的住房购买；如果系数 β_1 不显著，说明住房公积金对职工的住房购买没有统计意义上的影响关系。

（2）住房投资

本章定义的住房投资（多套房消费）是相对于仅购房一套住房的行为，住房投资可以定义为一个二元变量（多套房 = 1；一套房 = 0）。同样，住房投资也是一个结果变量，因此本章同样采用 logistic 模型考察住房公积金对住房投资的支持效应，具体方程如式（3.12）。其中，$p(housing\ investment)$ 为居民购买多套房的概率；γ_0 为常数项；σ_i 为随机扰动项。

$$\ln\left(\frac{p\ (housing\ investment)}{1 - p\ (housing\ investment)}\right) = \gamma_0 + \gamma_1 HPF + \gamma_2 X_i + \sigma_i \qquad (3.12)$$

在回归结果中，如果 HPF 的系数 γ_1 显著为正，说明住房公积金促进了职工的住房投资行为；如果系数 β_1 显著为负，说明住房公积金抑制了职工的住房投资；如果系数 β_1 不显著，说明住房公积金对职工的住房投资没有统计意义上的影响关系。

（3）购房时间

由于个体具有异质性，具体的住房消费时间难以度量，不同个体的住房消费时间也不具有可比性，本章将住房消费时间转换为居民购买首套房时的年龄进行分析。购房年龄可以看成是一个连续变量，因此本章采取普通最小二乘法（OLS）模型考察住房公积金对住房消费时间的影响，具体方程如式（3.13）。其中，age 表示居民购买首套房时的年龄；φ_0 为常数项；τ_i 为随机扰动项。

$$age = \varphi_0 + \varphi_1 HPF + \varphi_2 X_i + \tau_i \qquad (3.13)$$

在回归结果中，如果 HPF 的系数 φ_1 显著为正，说明住房公积金缴存者相比较于非住房公积金缴存者而言能够在更为年轻的时候购房，即使得购房时间提前；如果系数 φ_1 显著为负，说明住房公积金缴存者的购房时间晚于非住房公积金缴存者；如果系数 β_1 不显著，说明住房公积金对职工的住房消费时间没有统计意义上的影响关系。

3.4 本章小结

本章是后续章节研究的基础支撑，剖析了住房公积金支持住房消费的具体机制和理论基础，梳理了公共政策评价的维度和标准，构建了住房公积金支持住房消费的评价框架和评价指标。

第一，从住房公积金支持住房消费的政策工具来看。一是单位为职工缴存的住房公积金可以视为除职工工资之外的货币补贴。二是低息贷款本质上等同于在职工购房时减轻职工的住房支出。三是个人所得税减免等同于通过增加职工实际收入的方式提高职工的住房消费能力。从理论基础来看，互助理论是住房公积金实现住房消费支持效应的关键，实现了"人人为我，我为人人"的互助格局；基于强制储蓄理论的缴存规定能够实现互助效应所必需的"大数法则"和"长期法则"，为职工内部的互助提供充分的资金保障；资源配置是住房公积金实现住房支持的内在途径，住房公积金通过制度设计实现了在职工住房消费时收入的分配效应。

第二，从公共政策评价的维度来看，随着公共政策研究理论的深入发展，公共政策评价的维度由早期的单一维度演变为"事实维度—形式维度—价值维度"的多元化评价维度。有效性、公平性、高效性和经济性等常用评价标准是各个维度评价的重要手段。

第三，从评价框架来看，本章从"事实维度—形式维度—价值维度"构建了住房公积金支持住房消费的评价框架。事实维度以有效性作为评价标准，主要进行住房公积金提高住房消费能力的实际效果评价和充分性评价；形式维度以机会公平和规则公平为评价标准，主要考察住房公积金的制度设计是否能够在让所有的职工都有均等的机会参与资源配置过程以及这种资源的配置过程是否具有公平性；价值维度以结果公平性作为评价标准，主要考察住房公积金对缴存职工住房消费行为和支付能力提升是否存在群体的差异，能够满足其可持续发展的社会价值需求。

第四，从评价指标来看，结合住房公积金制度的政策机制和本章的研究目标，有效性评价标准中选择月供收入比作为支付能力的衡量指标，并将月供收入比小于 0.3 定义为支付能力正常，以此考察政策的实际效果和充分性；机会公平评价标准以住房公积金缴存作为二元变量考察缴存职工个体特征的差异；规则公平性评价标准选择基尼系数和 *RE* 指数研究资源配置的公平性；结果公平性评价标准选择住房消费行为和住房支付能力，其中住房消费行为从住房购买、住房投资和首套房购买时间三个角度表示。

第 4 章

住房公积金支持住房
消费的事实维度评价

从本章起进入本书的实证研究部分。基于事实维度，本章以政策的有效性为评价标准，从宏观城市层面评价住房公积金对提高支付能力所产生的实际效果以及实现其政策目标的充分性程度。首先，本章介绍了主要的研究思路并对选择的城市样本数据进行了描述；其次，本章测度了住房公积金各政策工具从全国层面的政策有效性；最后，本章进一步讨论了政策有效性存在的城市差异。

4.1 研究思路与样本描述

4.1.1 研究思路

在属地化管理的背景下，考察住房公积金支持住房消费在城市层面的有效性是其因城施策的关键。基于货币补贴、低息贷款和税收减免等住房公积金支持住房消费的政策工具，本章结合各城市住房公积金运行数据和城市经济数据，通过构建典型的住房公积金缴存职工家庭，分别测算住房公积金对提高住房支付能力的实际效果及政策充分性。

（1）对象定义

本章的研究对象是以城市为单元。诚然，在任何一个城市中均存在职工家庭收入、住房需求、消费水平等的异质性，为了能够直观地刻画城市水平，本章参考现有文献的做法选择我国目前城镇典型职工家庭作为研究对象（Gan and Hill，2009；杨赞等，2010；洪涛和靳玉超，2014）。除此之外，在关于城市层面的统计研究中，一般以城市中相关指标的平均值反映城市特征，例如，人均收入、人均国内生产总值、平均住房价格等。因此，下文中相关指标均以城市层面平均值来表示。研究对象的定义和具体的研究思路如下。

首先，在每个城市中，本章定义的代表性住房公积金缴存家庭特征如下：第一，家庭中有三位成员，其中两位为在岗职工[①]；第二，家庭可支配收入为对应年份的城市平均家庭可支配收入；第三，为了使得城市之间具有可比性，本章设定家庭购买 90 平方米的住房，平均房价为对应年份的城市商品房均价；第四，家庭中两位在岗职工均缴存住房公积金，缴存额为当年该城市全体缴存职工的平均值。

其次，为了更直观地表现住房公积金对月供约束的政策效应，本章按照贷款的通行条件并参考现有文献的普遍做法将购房的首付款比例设定为 30%，其余购房所需资金采取贷款的方式获得（Li et al.，2020；吴璟等，2011；洪涛和靳玉超，2014）。主要基于以下考虑：第一，帮助职工获得自有住房（首套房购买）是解决住房问题、实现"住有所居"的核心目标，历次住房公积金制度调整主要是针对购买二套住房等改善型或投机性的住房消费行为，住房公积金的信贷政策对购买首套房贷款一直较为稳定；第二，本章重点考察的是住房公积金对职工家庭每月支付住房贷款的政策效应，虽然部分城市规定使用住房公积金贷款的首付款比例为 20%，但这等同于加重了职工每月支付贷款的支出。为了使得住房公积金贷款和商业贷款具有可比性，在参考现有文献做法的基础上（吴璟等，2011），本章将两者的首付款比例设定为相同。

（2）研究方法

政策有效性的评价基于"投射—实施后"比较法测度住房公积金实施前后缴存职工住房支付能力的变化。"投射—实施后"比较法是公共政策评价领域广泛使用的评价方法之一，是将政策实施之前的变化趋势延续到政策实施之后的某个时点，从而得出"投射"效应（高奇隆等，2019）。将"实施后"效应与"投射"效应对比即可得出公共政策的政策效应。其基本原理如图 4.1 所示，假设住房公积金实施之前职工的支付能力趋势

---

① 第六次全国人口普查显示我国户均人口为 3.1 人。

为 Q_1Q_2，其投射到住房公积金实施后某时点 t 之后的效应为 Q_3，职工住房支付能力在实施住房公积金后的效应为 Q_4。因此，在固定了其他非政策因素对住房支付能力的影响后，住房公积金实施后和假设无住房公积金时职工住房支付能力的差值 $Q_4 - Q_3$ 就是住房公积金制度产生的实际效果（刘洪玉，2011）。

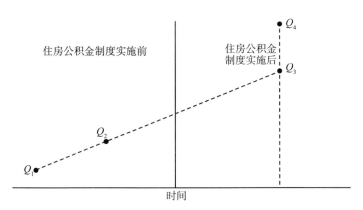

图4.1　"投射—实施后"比较法的基本思路

进一步地，本章将月供收入比指数小于 0.3 定义为支付能力正常，以此评价住房公积金政策效应在城市层面的充分性。

（3）测算过程

① "投射"状态下的家庭月供收入比

如上文所述，单位缴存额可以视为对职工的货币化补贴，等效于职工在购房时收入的增加。当不存在住房公积金制度时，缴存职工的家庭收入将会增加，即职工缴存的部分将以工资的形式发放。根据本章对月供收入比的定义，在住房公积金制度实施前，职工家庭的月供收入比 RTI_{NOHPF} 可表示为式（4.1）。其中，$down$ 为购房首付款比例；$rbank$ 为商业银行贷款月利率；$term$ 为贷款月数；$income$ 为该城市统计年鉴报告的某年份该城市职工家庭的月平均可支配收入[①]；$deposit$ 为该城市职工家庭住房公积金平均缴存额[②]。

---

　　① 城市统计年鉴中报告的可支配收入不包括职工住房公积金缴存部分。各城市统计年鉴中报告的城镇居民可支配收入是本地区所有职工的平均值，未区分住房公积金缴存职工和非缴存职工。

　　② 在实际操作中，单位缴存额一般等于个人缴存额，此处按照两者相等计算。

$$RTI_{NOHPF} = HP \times (1 - down) \times rbank \times \frac{(1 + rbank)^{term}}{(1 + rbank)^{term} - 1} \Big/$$
$$(income + deposit) \tag{4.1}$$

② "实施后" 状态下的家庭月供收入比

a. 货币补贴的政策效应。当家庭中的两位职工均缴存住房公积金时，该家庭的月供收入比 RTI_{MS} 可以表示为式（4.2）。

$$RTI_{MS} = HP \times (1 - down) \times rbank \times \frac{(1 + rbank)^{term}}{(1 + rbank)^{term} - 1} \Big/$$
$$(income + 2 \times deposit) \tag{4.2}$$

此时，货币补贴的实际效果 $RTIR_{MS}$ 可以表示为式（4.3）。

$$RTIR_{MS} = (RTI_{NOHPF} - RTI_{MS}) / RTI_{NOHPF} \tag{4.3}$$

b. 税收减免的政策效应。住房公积金缴存职工每月的缴存额可以从个人所得税中减免，等效于职工在购房时收入的增加。此时，单独考虑税收减免政策工具时家庭的月供收入比 RTI_{TI} 可表示为式（4.4）。其中，TI 为职工能够通过住房公积金制度获得的税收减免额度，根据个人所得税税率表计算得出[①]。

$$RTI_{TI} = HP \times (1 - down) \times rbank \times \frac{(1 + rbank)^{term}}{(1 + rbank)^{term} - 1} \Big/$$
$$(income + deposit + 2 \times TI) \tag{4.4}$$

同样，税收减免的实际效果 $RTIR_{TI}$ 可以表示为式（4.5）。

$$RTIR_{TI} = (RTI_{NOHPF} - RTIR_{TI}) / RTI_{NOHPF} \tag{4.5}$$

c. 低息贷款的政策效应。在控制了房价和贷款条件的情况下，住房公积金低息贷款政策工具使得职工家庭的月还款额低于商业贷款。低息贷款的政策效应大小取决于职工家庭购房时能够获得的贷款额度。当购房所需贷款小于该城市规定的住房公积金贷款限额时，缴存职工的购房贷款可以全部来源于住房公积金；反之，超出住房公积金贷款限额的部分需要通过商业贷款的方式进行融资。

此时，在低息贷款政策工具的支持下，职工家庭的月供收入比 RTI_{FS} 可分别表示为式（4.6）和式（4.7）。其中，$ceiling$ 为该城市对应年份规定的住房公积金贷款限额。

---

① 各城市统计年鉴中报告的职工可支配收入为在工资收入中扣除掉五险一金和个人所得税等剩下的那部分。为了简化计算过程，在税收减免计算中以可支配收入作为基数。

当 $HP \times (1 - down) \leqslant ceiling$ 时，

$$RTI_{FS} = HP \times (1 - down) \times rhpf \times \frac{(1 + rhpf)^{term}}{(1 + rhpf)^{term} - 1} \Big/$$
$$(income + deposit) \qquad (4.6)$$

当 $HP \times (1 - down) > ceiling$ 时，

$$RTI_{FS} = \Big\{ \Big[ceiling \times rhpf \times \frac{(1 + rhpf)^{term}}{(1 + rhpf)^{term} - 1} \Big]$$
$$+ \big[HP \times (1 - down) - ceiling \big] \times rbank$$
$$\times \frac{(1 + rbank)^{term}}{(1 + rbank)^{term} - 1} \Big\} \Big/ (income + deposit) \qquad (4.7)$$

因此，低息贷款的实际效果 $RTIR_{FS}$ 可表示为式（4.8）。

$$RTIR_{FS} = (RTI_{NOHPF} - RTIR_{FS}) / RTI_{NOHPF} \qquad (4.8)$$

d. 住房公积金的综合效应。综合货币补贴、税收减免、低息贷款三个政策工具后，考虑住房公积金政策综合作用后的家庭月供收入比 RTI_{HPF} 可分别表示为式（4.9）和式（4.10）。

当 $HP \times (1 - down) \leqslant ceiling$ 时，

$$RTI_{HPF} = HP \times (1 - down) \times rhpf \times \frac{(1 + rhpf)^{term}}{(1 + rhpf)^{term} - 1} \Big/$$
$$(income + 2 \times deposit + 2 \times TI) \qquad (4.9)$$

当 $HP \times (1 - down) > ceiling$ 时

$$RTI_{HPF} = \Big\{ \Big[ceiling \times rhpf \times \frac{(1 + rhpf)^{term}}{(1 + rhpf)^{term} - 1} \Big] + \big[HP \times (1 - down) -$$
$$ceiling \big] \times rbank \times \frac{(1 + rbank)^{term}}{(1 + rbank)^{term} - 1} \Big\} \Big/$$
$$(income + 2 \times deposit + 2 \times TI) \qquad (4.10)$$

此时，住房公积金政策对住房支付能力的实际效果 $RTIR_{HPF}$ 可表示为式（4.11）。

$$RTIR_{HPF} = (RTI_{NOHPF} - RTIR_{HPF}) / RTI_{NOHPF} \qquad (4.11)$$

（4）算例演示

根据上述测算过程，本章以上海市 2018 年的指标数据为例提供了算例演示，如表 4.1 所示。

表 4.1　　　　　住房公积金政策效应的算例（以 2018 年上海市为例）

	住房公积金实施前	货币补贴	税收减免	低息贷款	综合效应
RTI	1.07	1.00	1.06	1.02	0.94
$RTIR$	0.0%	6.7%	0.93%	5.04%	12.15%

首先，计算不存在住房公积金情况下的职工家庭月供收入比（"投射"状态）。2018 年，上海市平均住房单价为 56,642 元/平方米，商业贷款和住房公积金贷款的月利率分别为 0.27% 和 0.41%。按照住房贷款通行的条件设定（首付款比例为 30%，贷款期限 30 年），职工在商业贷款情况下购买 90 平方米住房的月还款额为 18,939 元。根据上文对城市家庭的设定，当假设不存在住房公积金时，职工个人缴存资金按照工资发放后家庭的月平均可支配收入为 17,676 元。此时职工家庭的月供收入比 RTI_{NOHPF} 为 1.07（18,939/17,676 = 1.07）。

其次，计算住房公积金实施后的职工家庭月供收入比（"实施后"状态）。上海市 2018 年双职工家庭住房公积金缴存额平均为 1,263 元，在货币补贴的支持下职工家庭购房时的等效月可支配收入为 18,939 元。此时 RTI_{MS} 为 1.00①，货币补贴的政策效应为 6.7%②。同样，在考虑税收减免政策工具后家庭的 RTI_{TI} 为 1.06。进一步地，2018 年上海市规定双缴存职工住房公积金贷款最高额度为 120 万元，进而能够使得家庭贷款月还款额从 18,939 元减少为 17,983 元，此时 RTI_{FS} 为 1.02。在三种政策工具的综合作用下，上海市城镇职工家庭平均月供收入比 RTI_{HPF} 为 0.94，比没有住房公积金状态时低 12.15%③。按照同样的计算过程，本章计算了 2014 ~ 2018 年全国 271 个城市职工家庭在住房公积金实施前后月供收入比的变化情况。

因此，从实际效果来看，2018 年上海市住房公积金对典型缴存家庭的支付能力提升幅度为 12.15%；但从充分性来看，在住房公积金的支持下典型缴存家庭的月供收入比为 0.94，仍然无法达到"支付能力正常的区间"。

（5）相关说明

值得注意的是，通过构建典型住房公积金缴存职工家庭得出的理论分

---

① 18,939/18,939 = 1.00。

② (1.07 - 1.00)/1.07 = 0.067。

③ (1.07 - 0.94)/1.07 = 12.15%。

析结果可能与实际效果存在差异。一方面，本章理论测算中所设定的一些参数在现实情况下可能无法完全成立。例如，缴存职工获批的住房公积金贷款额度可能无法达到该城市规定的最高贷款限额，这可能使得住房公积金的实际效应低于理论分析结果。另一方面，文中相关指标是以城市平均值进行测算，没有考虑城市内部的个体差异，例如家庭在住房消费时住房公积金的使用情况、职工家庭参与住房公积金的人数、城市内部住房公积金的参与率、家庭住房消费的结构差异等。考察微观个体特征的情况将在第 5 章和第 6 章中进一步讨论。

尽管如此，本章通过构建代表性的住房公积金缴存家庭研究住房公积金在城市层面的政策效应仍然具有非常重要的意义。一是可以分析在考察期内各城市住房公积金政策内容变化（如贷款限额）所产生的政策效果，为各城市住房公积金政策内容的调整提供一定的参考；二是可以分析在因城施策背景下住房公积金在城市层面的总体情况，为宏观层面住房公积金制度的改革提供一些参考。

4.1.2 样本描述

基于上节的测算思路，本章构建了 2014～2018 年我国（不包含港澳台地区）271 个地级市及以上城市[①]的宏观数据库，包括住房公积金运行指标数据和城市经济社会发展指标数据。首先，住房公积金运行指标数据来源于各城市每年公布的《住房公积金年报》，包括住房公积金缴存、贷款等详细指标；其次，各城市房价数据来源于清华大学房地产研究所构建的全国各城市网上挂牌二手房交易数据库，该数据库基于对全国 500 余家房地产中介网站[②]的实时监测，能够全面客观地反映各城市房地产市场的价格情况（Li et al., 2020；Wang et al., 2018）；再次，各城市人均可支配收入、在岗职工工资、城市常住人口等指标来源于各城市历年统计年鉴；最后，商业银行贷款利率和住房公积金贷款利率来源于中国人民银行网站，考虑到一年当中可能存在的利率调整，当年的利率按照调整时的月份进行了加权平均。

---

① 截至 2018 年，我国共有地级市及以上城市 297 个（包括 4 个直辖市及 293 个地级市），由于数据可得性限制，本书选择了 271 个城市作为研究样本。其余城市主要分布在西藏、新疆、甘肃、宁夏等房地产市场相对不发达的地区。

② 关于各城市房价的采集、数据清洗等过程请参见文献王等（Wang et al., 2018）。

基于上述面板数据的构建，各城市 2014～2018 年间主要指标的描述性统计如表 4.2 所示。

表 4.2　　　　　　　　　　主要变量的描述性统计

年份	变量名	变量描述	观测值	平均值	标准差	最小值	最大值
2014	HP	90 平方米住房平均价格/万元	271	52.5	34	19	281
	income	家庭月可支配收入/元	271	6,628	1,725	3,138	17,000
	deposit	家庭住房公积金月缴存额/元	271	811	270	265	1,663
	ceiling	住房公积金贷款限额/万元	271	47.8	14.7	20	120
	rbank	商业银行贷款月利率/%	271	0.529	0	0.529	0.529
	rhpf	住房公积金贷款月利率/%	271	0.373	0	0.373	0.373
2015	HP	90 平方米住房平均价格/万元	271	53.2	40	20	368
	income	家庭月可支配收入/元	271	7,053	1,636	4,723	12,598
	deposit	家庭住房公积金月缴存额/元	271	886	284	278	1,659
	ceiling	住房公积金贷款限额/万元	271	56	16.4	25	120
	rbank	商业银行贷款月利率/%	271	0.460	0	0.460	0.460
	rhpf	住房公积金贷款月利率/%	271	0.306	0	0.306	0.306
2016	HP	90 平方米住房平均价格/万元	271	60	58	21	489
	income	家庭月可支配收入/元	271	7,591	1,806	5,021	14,423
	deposit	家庭住房公积金月缴存额/元	271	988	281	318	1,799
	ceiling	住房公积金贷款限额/万元	271	58.1	16.7	25	120
	rbank	商业银行贷款月利率/%	271	0.408	0	0.408	0.408
	rhpf	住房公积金贷款月利率/%	271	0.271	0	0.271	0.271
2017	HP	90 平方米住房平均价格/万元	271	73	61	22	539
	income	家庭月可支配收入/元	271	8,186	1,989	5,280	16,363
	deposit	家庭住房公积金月缴存额/元	271	1,065	255	449	1,948
	ceiling	住房公积金贷款限额/万元	271	57.1	16.6	30	120
	rbank	商业银行贷款月利率/%	271	0.408	0	0.408	0.408
	rhpf	住房公积金贷款月利率/%	271	0.271	0	0.271	0.271

续表

年份	变量名	变量描述	观测值	平均值	标准差	最小值	最大值
2018	HP	90 平方米住房平均价格/万元	271	77	65	23	553
	income	家庭月可支配收入/元	271	7,940	2,169	3,138	16,608
	deposit	家庭住房公积金月缴存额/元	271	1,142	254	453	2,117
	ceiling	住房公积金贷款限额/万元	271	57.3	16.4	28	120
	rbank	商业银行贷款月利率/%	271	0.408	0	0.408	0.408
	rhpf	住房公积金贷款月利率/%	271	0.271	0	0.271	0.271

从房价水平来看，全国 271 个城市 90 平方米住房价格从 2014 年的 52.5 万元上升到 2018 年的 77 万元，且城市之间房价水平差异较大。以 2018 年为例，90 平方米住房平均价格最高的城市达到 553 万元（北京市），而最小值仅为 23 万元（鹤岗市）。271 个城市职工家庭的平均月可支配收入在考察期内由 6,628 元上升到 7,940 元；从住房公积金缴存来看，271 个城市职工家庭住房公积金平均缴存额在考察期内逐年增加，2018 年 271 个城市双职工缴存家庭的平均月缴存额为 1,142 元，而缴存额最高的城市为 2,117 元（北京市）。受城市间住房公积金贷款政策调整的影响，2014～2016 年全国住房公积金贷款限额整体上升，2017 年起有所回落，这与 2014 年以来各城市以放松住房公积金贷款政策支持房地产去库存的背景一致。但各城市贷款限额差异较大，以 2018 年为例，住房公积金贷款额度最高的城市可提供 120 万元低息贷款（北京市、厦门市、上海市），而最低的仅为 28 万元（肇庆市）。商业贷款和住房公积金贷款利率由中国人民银行统一调整。

4.2　住房公积金支持住房消费的有效性评价

4.2.1　政策的实际效果评价

（1）"投射"状态下的职工住房支付能力
①全国总体住房支付能力较为可观
2014～2018 年在"投射"状态下 271 个城市职工家庭月供收入比的

平均值如图 4.2 所示。从时间趋势来看，2016 年全国 271 个城市的平均月供收入比最低，随后的 2017 年和 2018 年再次上涨。可能的原因是在房地产去库存背景下房价自 2016 年之后快速上涨，居民购房的压力增大。从月供收入比的区间设定来看，如果按照月供收入比小于 0.3 为支付能力正常的标准设定，全国 271 个城市职工家庭的平均月供收入在考察期内处于 0.24～0.3，意味着从全国平均层面来看职工的月供收入比处于合理区间，购房贷款从全国层面来看总体处于可支付状态。

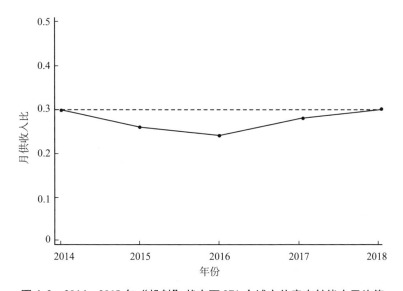

图 4.2　2014～2018 年"投射"状态下 271 个城市住房支付能力平均值

②支付能力在城市间存在较大分化

为进一步观测可能存在的城市差异，本章按照城市分位数统计了 2014～2018 年"投射"状态下的职工住房支付能力，如图 4.3 所示。首先，在考察期内约 75% 的城市月供收入比小于 0.3，处于相对合理区间。然而，城市之间支付能力呈现较大的分化，99% 百分位的城市（三个）在 2016 年之后月供收入比平均值大于 1，远高于其他城市。

（2）"实施后"状态下的职工住房支付能力

①住房公积金的综合效果

在 4.1 节的基础上，本节进一步考察住房公积金实施后职工月供收入比的变化。考虑到城市之间月供收入比的差异以及各城市人口规模的不同，本章分别按照城市月供收入比的简单平均和按照城市人口加权的方法报告了 2014～2018 年住房公积金实施前后月供收入比均值的变化，如图 4.4 所示。

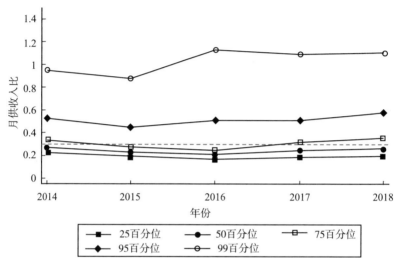

图 4.3　2014～2018 年"投射"状态下城市分位数的住房支付能力

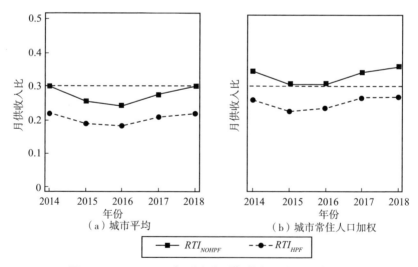

图 4.4　2014～2018 年"实施后"状态下的月供收入比

如图 4.4（a）所示，在实施住房公积金制度之后全国 271 个城市月供收入比的平均值下降到 0.18~0.22。平均而言,住房公积金制度实施后城镇职工月供收入比由 0.27 下降为 0.2,职工的住房支付能力水平提高了约 26%。住房公积金对提高职工住房支付能力的实际效果较为明显。

值得注意的是,在考虑城市人口加权的方法之后,如图 4.4(b)所示,初始的月供收入比和住房公积金实施后的月供收入比均高于城市简单平均值,这意味着月供收入比较高的城市可能拥有更多的人口,从而使得整体的住房支付能力弱化。

②各政策工具的效果

各年度住房公积金不同政策工具对提升支付能力的实际效果如表 4.3 所示。总体而言,在考察期内住房公积金制度对提高职工住房支付能力水平发挥了有力支持,住房公积金实施前后全国 271 个城市职工家庭平均住房支付能力提高(月供收入比下降)了 26.15%。从时间趋势来看这种支持效应也较为稳定。从三个政策工具的政策效应来看,考察期内货币补贴单一政策工具对职工家庭平均住房支付能力提高了 10.47%,税收减免政策工具的政策效应为 0.72%,而低息贷款政策工具能够使得职工家庭住房支付能力提高 17.6%。① 由此可见,三种政策工具发挥的政策效应不一。具体而言,低息贷款政策工具的实际效果最高,其次是货币补贴政策工具;相反,税收减免政策工具的支持力度十分有限。

表 4.3　　　　　住房公积金政策工具对支付能力的提升效应　　单位:%

年份	综合效应 $RTIR_{HPF}$	货币补贴 $RTIR_{MS}$	税收减免 $RTIR_{TI}$	低息贷款 $RTIR_{FS}$
2014	25.67	9.90	0.50	18.26
2015	26.19	10.09	0.68	19.11
2016	26.52	10.41	0.76	17.38
2017	26.15	10.49	0.83	16.75
2018	26.21	11.47	0.85	16.50
平均	26.15	10.47	0.72	17.60

① 从各政策工具分解的测算公式来看,综合效应并不等于三个政策工具单一效应之和。

4.2.2 政策的充分性评价

住房公积金实施前后不同支付能力水平的城市数量比例变化如图4.5所示。整体来看，住房公积金对多数城市而言支持效用较为显著。住房公积金的实施使得2014~2018年月供收入比小于0.3的城市平均数量由201个（占比74%）上升为244个（占比90%）；月供收入比大于0.3并小于0.5的城市平均数了由56个（占比21%）下降为20个（占比7%）；月供收入比大于0.5的城市数量由14个（占比5%）下降为7个（占比3%）。由此可见，对于大多数城市而言，住房公积金制度提升职工住房消费水平的政策充分性较为显著。

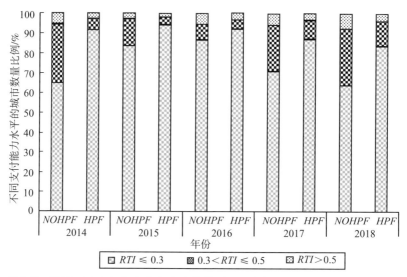

图4.5 2014~2018年住房公积金实施前后不同支付能力水平的城市数量比例

4.3 住房公积金政策有效性的城市差异

如图4.5所示，即便是在住房公积金的支持下依然有部分城市职工家庭的月供收入比高于0.3，甚至少数城市高于0.5，住房公积金的政策效应存在充分性不足。因此，本节首先从政策充分性入手考察城市差异的具体类型，并进一步分析住房公积金对不同类型城市的实际效果。

4.3.1　政策充分性的城市差异

本章以 2018 年为例，以月供收入比等于 0.3 为界，271 个城市住房公积金制度实施前后月供收入比的分布可分成三个类别。① 如图 4.6 所示，横坐标表示"投射"状态下（住房公积金制度实施前）各城市的月供收入比，纵坐标表示"实施后"状态下（住房公积金制度实施后）各城市的月供收入比。此外，根据我国城市等级的划分，图 4.6 中还标注了各个城市的类型以进一步区分住房公积金政策充分性在不同类型城市中的差异。

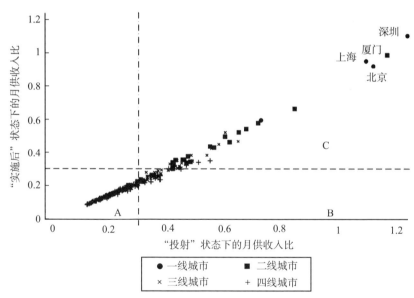

图 4.6　住房公积金制度实施前后各城市职工家庭月供收入比的分布

（1）A 类城市

本章将职工家庭月供收入比在住房公积金制度实施前后均小于 0.3 的城市定义为 A 类城市。具体而言，此类城市即便是在没有住房公积金实施

---

① 由于住房公积金对职工住房支付能力的支持效应，不会存在住房公积金制度实施前的月供收入比小于住房公积金制度实施后的月供收入比的情况。

的情况下职工家庭的月供收入比就处于可接受的状态，住房公积金制度的实施是进一步强化了此类职工家庭的月供能力。根据本章统计，如表4.4所示，在2018年属于A类的城市有173个，占全体样本城市的64%。此类城市包括了几乎所有的四线城市以及部分三线城市。进一步根据人口分布来看，此类城市覆盖了约49%的人口。对A类城市而言，住房公积金提高支付能力的充分性较高。

表4.4　　　　　　　　　各类别城市的具体特征

类别	城市数量	数量占比/%	城市等级	覆盖人口占比/%	政策充分性
A类城市	173	64	绝大部分四线城市，部分三线城市	49	较高
B类城市	54	20	绝大部分三线城市，部分二线城市	23	较高
C类城市	44	16	一线城市，部分二线城市	28	不足

（2）B类城市

本章将职工家庭的月供收入比在住房公积金制度实施前大于0.3，但是在住房公积金的支持下月供收入比小于0.3并处于正常支付能力区间的城市定义为B类城市。具体而言，住房公积金制度实施之前此类城市职工的住房消费存在支付能力不足的困难，而住房公积金提供的金融支持对解决此类城市住房支付能力不足的问题能够起到较为明显的支持效应。2018年，属于B类的城市有54个，占全体样本城市的20%。此类城市由绝大部分三线城市和部分二线城市构成，大约覆盖了23%的城市人口。对B类城市而言，住房公积金对提高职工家庭的支付能力同样表现出较高的充分性。

（3）C类城市

本章将职工家庭的月供收入比在住房公积金制度实施前大于0.3，但是在住房公积金的支持下月供收入比仍然大于0.3的城市定义为C类城市。具体而言，此类城市在住房公积金制度实施前后均处于支付能力不足的状态，住房公积金在解决此类城市职工家庭支付能力不足方面所发挥的政策效应有限。2018年，属于C类的城市有44个，占全体样本城市的16%。此类城市由一线城市和部分二线城市构成，大约覆盖了28%的城市人口。对C类城市而言，住房公积金提高支付能力的充分性不足。

由此可见，住房公积金政策效应的充分性具有明显的城市差异。此

外，上述结果也表明，处于支付能力不足的城市以较少的城市数量覆盖了
较多的城市人口，这也验证了图 4.4 所示的结果，即考虑人口加权后 271
个城市职工家庭整体的月供收入比会增加。尤其值得关注的是深圳、厦
门、上海、北京等重点城市，由于这些城市原有缺口较大，根据本章的测
算，即便是在住房公积金制度的支持下，上述四个城市的月供收入比仍然
分别处于严重支付能力不足状态。

4.3.2　政策实际效果的城市差异

（1）政策实际效果与初始支付能力

通过 4.2 节的分析发现，住房公积金制度对原本就存在支付能力不足
的一二线城市职工家庭的政策效果似乎不足。为此，本章绘制了各年度
"投射"状态下的月供收入比与住房公积金实际效果的散点图，如图 4.7
所示。同时，本章还进一步汇报了两者的相关性，如表 4.5 所示。从拟合
曲线和相关性分析可以看出，两者在各年度均呈明显的负相关关系，并在
1% 的水平下显著，即对于没有住房公积金制度时月供收入比越高（支付
能力越弱）的城市而言，住房公积金产生的实际效果越小。

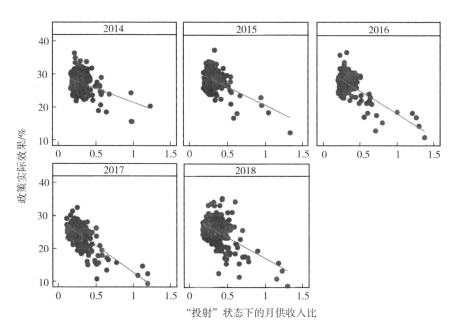

图 4.7　2014～2018 年"投射"状态下的月供收入比与住房公积金政策效应的散点图

表 4.5 　　　　　　　　　　 *RTI* 和 *RTIR*$_{HPF}$ 的相关性检验

RTI/RTIR$_{HPF}$	2014	2015	2016	2017	2018
	RTI	*RTI*	*RTI*	*RTI*	*RTI*
RTIR$_{HPF}$	− 0.552 ***	− 0.360 ***	− 0.485 ***	− 0.652 ***	− 0.704 ***

注：*** p < 0.01。

（2）各类别城市的实际效果

进一步地，针对上文定义的 ABC 三种类别的城市，本章以 2018 年为例测算了住房公积金制度实施前后三种类别城市职工家庭的月供收入比以及不同政策工具对上述三种类别城市的实际效果，如表 4.6 所示。

表 4.6 　　　　　　　　住房公积金制度对不同类别城市的政策效应

类别	（1）	（2）	（3）	（4）	（5）	（6）
	RTI$_{NOHPF}$	*RTI*$_{HPF}$	*RTIR*$_{HPF}$	*RTIR*$_{MS}$	*RTIR*$_{TI}$	*RTIR*$_{FS}$
A 类城市	0.21	0.15	27.28%	10.79%	0.98%	17.78%
B 类城市	0.34	0.25	25.95%	10.42%	1.14%	16.48%
C 类城市	0.56	0.45	20.02%	8.91%	1.20%	11.26%

与图 4.7 所示的结果相似，表 4.6 所示的结果显示住房公积金提高支付能力的实际效果在三种类别城市中依次下降，如列（1）~列（3）所示。对于 A 类城市而言，住房公积金制度使得平均月供收入比由 0.21 下降到 0.15，对提高支付能力的实际效果为 27.28%；住房公积金制度使得 B 类城市的平均月供收入比由 0.34 下降到 0.25，对提高支付能力的实际效果为 25.95%；住房公积金制度使得 C 类城市的平均月供收入比由 0.56 下降到 0.45，对提高支付能力的实际效果为 20.02%。由此可见，住房公积金制度对职工家庭住房支付能力的支持效应存在"强者恒强"的政策效应。具体而言，对原本职工家庭住房支付能力就比较强的城市而言，住房公积金发挥的实际效果更强；而对于原本职工家庭住房支付能力就比较弱的城市而言，住房公积金发挥的实际效果较小。

此外，列（4）~列（6）还分别汇报了不同政策工具对三种类别城市的实际效果差异。结果表明货币补贴和低息贷款政策工具是造成城市差异的主要原因，其中低息贷款的作用更强。2018 年，低息贷款政策工具对 A 类城市的实际效果达到 17.78%，而对 C 类城市的实际效果仅为 11.26%，两者相差 6.52%。相反，列（5）的结果表明税收减免的实际效果对 C 类城市更强，这可能是因为 C 类城市主要为一二线经济发达地区，职工的收入普遍较高，住房公积金的税收减免政策对于累进制计算的个人所得税来说能够节约更多的税收支出。然而，即便如此，税收减免政策工具的效应十分有限，远低于其他政策工具的政策效应。

4.3.3 城市差异的机制分析

（1）城市经济水平的差异

美国著名经济学家阿尔伯特·赫希曼的非均衡性增长理论认为区域间经济的增长是非同步的。受地区资源的限制，增长极是区域经济发展的内生动力，不平衡性是必然存在的（韦森，2015）。对于中国这样一个大国来说，区域经济发展不平衡性的表现更为明显（Jonas，2020）。

区域经济发展不平衡的直观表现为各城市职工在收入和消费支出方面的差异。早在 1935 年，我国著名地理学家胡焕庸就已根据我国的人口分布勾勒出了"瑷珲—腾冲线"，即"胡焕庸线"。时至今日，"胡焕庸线"依然是反映我国人口分布差异以及区域经济发展差异的一条重要分界线（尹德挺和袁尚，2019）。众所周知，东部沿海地区、一二线城市等资源相对集聚的城市职工收入水平较高。在本章统计的 271 个城市中，以 2018 年为例，家庭月可支配收入最大的城市为 16,608 元，而最低值仅为 2,169 元。同时，资源的集聚吸引大量的劳动力涌入，带来了强烈的住房需求，东部地区和一二线城市也成为房价最高的地区。上文统计数据显示，以 2018 年为例，职工购买一套 90 平方米的住房最高价格的城市高达 553 万元，而最低价格的城市平均仅需 23 万元。

（2）住房公积金制度的差异

在属地化管理的背景下，各城市会根据本地区住房公积金资金归集的规模、房地产市场的发展水平制定住房公积金的缴存和贷款政策。从住房公积金的缴存来看，受地方经济发展的影响，工资水平较高的城市职工住房公积金的缴存资金也相对较高并表现出城市差异。上文统计数据显示，以 2018 年为例，271 个城市职工家庭住房公积金平均月缴存额为 1,142 元，最大值为 2,117 元，最小值仅为 254 元。从贷款政策来看，住房公积金贷款限额决定了职工能够从住房公积金制度中获得收益的多少，在 271 个城市中，住房公积金贷款额度最高值为 120 万元，而最低值仅为 28 万元。

为了更为直观地描述住房公积金政策有效性城市差异的机制，本章引入两个相对变量进行分析。第一个指标为"货币补贴收入比"（$MSTR$），反映职工获得的单位补贴在其支付月供时的支持力度的大小。第二个指标为"住房公积金贷款限额房价比"（$CTHP$），反映住房公积金提供的低息贷款对职工所购住房的支持力度的大小。

如图 4.8 和图 4.9 所示，本章绘制了 2014～2018 年各城市"投射"状态下的月供收入比与上述两个指标的散点图。同时，本章还分别汇报了两者的相关性检验结果，如表 4.7 所示。从拟合曲线和相关性检验可以看出，在考察期内各城市"投射"状态下的月供收入比与货币补贴收入比、住房公积金贷款限额房价比均呈现较为明显的负相关关系。因此，可以初步得出结论：对于房价较高的城市而言，住房公积金的货币补贴及低息贷款政策工具效果较弱。

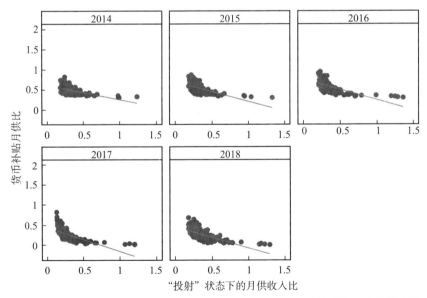

图 4.8　2014～2018 年"投射"状态下的月供收入比与货币补贴收入比的散点图

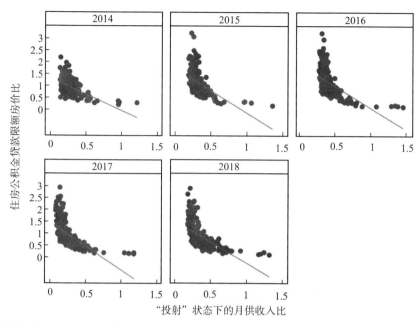

图 4.9　2014～2018 年"投射"状态下的月供收入比与贷款限额房价比的散点图

表 4.7　　　　　　　*RTI* 和 *MSTR*（*RTI* 和 *CTHP*）的相关性检验

项目	2014	2015	2016	2017	2018
	RTI	*RTI*	*RTI*	*RTI*	*RTI*
MSTR	− 0. 132 ***	− 0. 162 ***	− 0. 234 ***	− 0. 252 ***	− 0. 365 ***
CTHP	− 0. 231 ***	− 0. 264 ***	− 0. 276 ***	− 0. 187 ***	− 0. 289 ***

注：*** $p < 0.01$。

进一步地，本章以 2018 年为例汇报了不同类型城市货币补贴收入比与贷款限额房价比的具体数值，如表 4.8 所示。对于原本支付能力较强的城市而言，单位提供的货币补贴能够帮助职工解决 30.53% 的月供，而对于原本支付能力较弱的城市而言，单位提供的货币补贴对月供的支持力度仅为 9.82%。值得注意的是，各城市提供的住房公积金贷款占房价的比例表现出更为明显的城市差异。对于 A 类型城市而言，住房公积金贷款房价比高达 119.4%，意味着对此类城市而言住房公积金贷款足以满足其购房时的融资需求。而对于 C 类型城市而言，住房公积金贷款房价比仅为 43.92%，意味着由于此类城市高昂的房价，住房公积金所能提供的支持效果十分有限。因此，此类城市职工家庭必须主要依靠利率较高的商业贷款进行购房融资。

表 4.8　　　　　　　　不同类别城市的政策机制差异　　　　　单位：%

类别	（1）*MSTR*	（2）*CTHP*
A 类城市	30.53	119.40
B 类城市	17.34	69.79
C 类城市	9.82	43.92

4.4　本　章　小　结

本章基于 2014～2018 年全国 271 个城市的宏观数据，在城市层面定量测算了住房公积金制度支持职工住房消费的政策有效性。

本章以城市中典型的三口之家为代表性家庭，并设定家庭中两名在岗职工均缴存住房公积金。通过"投射—实施后"比较法测度住房公积金实施前后职工住房支付能力的变化。通过对政策工具的分解，测度了不同政策工具和住房公积金的综合效应，并分析讨论了存在的城市差异。主要研究结论如下。

首先，住房公积金制度对支持职工住房消费能力方面发挥了重要作用。从政策的实际效果来看，住房公积金制度在考察期内将 271 个城市职工住房支付能力平均提高 26.15%，这种支持效应在考察期内表现得较为稳定。从政策充分性来看，住房公积金的实施使得 2014～2018 年月供收入比小于 0.3 的城市平均数量由 201 个（占比 74%）上升为 244 个（占比 90%）。

其次，各项政策工具的支持效应存在差异。支持效应最高的是低息贷款政策工具，能够帮助职工家庭住房支付能力提高 17.6%；支持效应次之的是货币补贴政策工具；而税收减免政策工具的支持力度十分有限，平均政策效应仅为 0.72%。

最后，政策有效性存在显著的城市差异。具体而言，对于原本支付能力较强的三线和四线城市而言，住房公积金的支持效应较高；而对于原本支付能力较弱的一线和二线城市而言，住房公积金的支持效应相对较弱。面对高昂的房价，住房公积金提供的低息贷款和单位补贴显得较为薄弱，尤其是对于深圳、厦门、上海和北京等房价较高的明星城市，当前的住房公积金制度远不能解决职工的住房支付能力不足的问题。

　　上述研究表明，总体而言住房公积金制度在支持职工住房消费方面是有效的，即便是存在城市差异的情况下，住房公积金对 C 类型城市家庭住房支付能力的提升效应依然可以达到 20.02%，能够在一定程度上缓解一二线城市职工家庭住房支付能力不足的问题。就当前我国的住房金融体系来看，住房公积金所能提供的金融支持使得其仍然具有存在的必要性。就本章宏观层面的研究结果来看，未来的制度改革应围绕"有效性提高"和"城市差异"着手，关注如何在宏观层面提高重点城市政策有效性的问题。

第 5 章

住房公积金支持住房
消费的形式维度评价

基于形式维度，本章以机会公平和规则公平为评价标准，从微观个体层面分析住房公积金制度设计的公平性。基于住房公积金支持住房消费的理论体系，本章从资源配置的角度切入，首先，对研究群体进行了界定，并对所选择的样本进行了说明；其次，通过计量模型分析了住房公积金缴存职工和非缴存职工的个体特征，基于基尼系数测算了在住房消费过程中住房公积金对收入分配的影响，发现了计量模型和基尼系数测算结果之间存在的矛盾；最后，计算了不同收入缴存职工在住房消费时通过住房公积金获得的收益并对制度的规则公平性进行了讨论，为第6章的分析提供基础。

5.1　群体界定与样本描述

5.1.1　群体界定

根据住房公积金支持住房消费的理论体系，住房公积金在支持职工住房消费的过程中实现了对资源的重新配置。由于住房公积金是用于支持住房消费的专项资金，这种资源的配置实质上表现为在职工购房时对住房公积金资金池中的集体储蓄资金的再次分配过程。从机会公平和规则公平的角度而言，这种资源的配置对两类群体的收入分布产生影响。第一类群体包括住房公积金缴存职工和非住房公积金缴存职工，这类群体涵盖了全体

城镇职工；第二类群体包括所有的住房公积金缴存职工。本章研究的两类
群体的关系如图 5.1 所示。

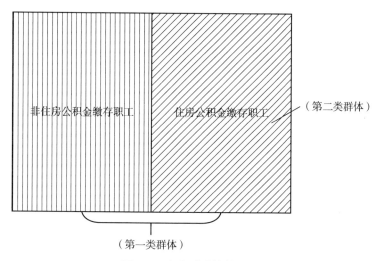

图 5.1　本章对群体的界定

　　对于第一类群体而言，非住房公积金缴存职工在住房消费时并没有参
与到由住房公积金带来的资源分配。因此，从参与住房公积金制度的机会
公平性角度出发研究住房公积金缴存职工和非住房公积金缴存职工在住房
消费时的收入分配变化，能够让我们了解住房公积金的制度设计在全体城
镇职工中资源配置的合理性。

　　对于第二类群体而言，受个体收入差异的影响，不同的住房公积金缴
存职工能够获得的单位货币化补贴和税收减免额度不同，能够通过住房公
积金贷款获得的杠杆效应也不同。因此，本章对第二类群体的划分能够从
规则公平性的角度进一步了解住房公积金对缴存职工住房消费时资源配置
效应的公平性。

5.1.2　样本描述

　　微观个体数据能够详细的反映住房公积金支持住房消费时的资源配置
过程，也能够弥补宏观数据中无法考察个体差异的不足。本章选择 2017
年中国家庭金融调查数据（China household finance survey，CHFS）进行实

证检验。中国家庭金融调查数据（CHFS）是由西南财经大学中国家庭金融调查与研究中心在全国范围内开展的抽样调查项目，该项目搜集了包括家庭住房消费、财富金融、信贷支出、社会保障等与本研究紧密相关的指标数据。2017 年中国家庭金融调查数据（CHFS）的调研数据涵盖了全国29 个省（区、市），具有较强的代表性。[①] 该数据库目前广泛用于住房问题、人口流动、家庭消费等领域的研究（何欣和路晓蒙，2019；He et al.，2019；Song et al.，2020；Zhang et al.，2020；甘犁等，2018）。基于研究目标，本章对相关数据进行了如下处理：第一，保留城镇居民家庭；第二，保留户主年龄为 16 岁至 60 岁的样本；第三，剔除具有缺失值的样本。

值得注意的是，由于家庭购房时的收入信息无法判断，本章难以评价家庭购房当年的住房消费水平。此外，微观调研数据没有提供地市级层面的信息，本章无法界定住房公积金缴存职工购房当年每个城市住房公积金信贷政策的具体内容和差异。基于此，本章针对职工住房消费做了几个基本设定。第一，延续家庭过去的住房消费倾向，每个样本家庭仍然购买目前居住的住房，价格按照 2017 年的市场价格计算；[②] 第二，根据通行的住房贷款要求，首付款比例设定为 30%，贷款期限为 30 年；第三，按照多数城市对住房公积金贷款额度的设定方法，假设职工家庭所能够获得的贷款为其住房公积金账户缴存余额的 20 倍，最高贷款额度不超过 120 万元；第四，职工在缴存住房公积金一年后购房。

本章最终确定样本量为 10,993 个，相应指标的描述性统计如表 5.1 所示。

表 5.1　　　　　　　　　　变量的描述性统计

变量名	样本量	平均值	最小值	最大值	变量定义
HPF	10,993	0.422	0	1	住房公积金缴存，1 = 是；0 = 否
Deposit	4,641	802	50	4,800	月缴存额/元
Age	10,993	45	16	60	户主年龄/岁
Sex	10,993	0.77	0	1	性别，1 = 男性；0 = 女性

① 关于数据库更为详细的说明，请参见中国家庭金融调查数据（CHFS）官方网站：https://chfs.swufe.edu.cn/。
② 该调研数据包含了受访者对目前住房市值的判断。

续表

变量名	样本量	平均值	最小值	最大值	变量定义
Marriage	10,993	0.88	0	1	是否已婚，1＝是；0＝否
Job	10,993	0.36	0	1	工作类型，1＝国有部门；0＝其他
Education	10,993	11.1	0	22	教育年限/年
Income	10,993	1.1	0.1	200	家庭月收入/万元
HP	10,993	103	5	800	当前住房的市场价格/万元
Ceiling	4,641	48.6	4	120	住房公积金贷款额/万元
rbank	10,993	0.41	0.41	0.41	商业贷款月利率/%
rHPF	10,993	0.27	0.27	0.27	住房公积金贷款月利率/%
East	10,993	0.57	0	1	东部，1＝是；0＝否
Central	10,993	0.22	0	1	中部，1＝是；0＝否
West	10,993	0.21	0	1	西部，1＝是；0＝否

如表 5.1 所示，样本中住房公积金缴存率为 42.2%，平均月缴存额为 802 元。户主平均年龄为 46 岁，77% 为男性，88% 已婚，平均受教育年限为 11.1 年，有 36% 的样本受雇于国有部门。家庭平均年收入为 1.1 万元，当前住房的市场价格平均为 103 万元。职工家庭平均获得的住房公积金贷款为 48.6 万元。若职工于 2017 年购房，商业贷款平均月利率为 0.41%，住房公积金贷款平均月利率为 0.27%。在受访家庭中，位于东部、中部和西部地区的家庭比例分别为 57%、22% 和 21%。

5.2　住房公积金支持住房消费制度设计的公平性

基于 5.1 节的群体界定，计量模型分析的目的在于从初次分配的角度分析住房公积金缴存职工和非缴存职工在收入方面是否存在显著性差异，以及缴存职工之间获得的单位补贴呈现的规律，以此判断住房公积金的制度设计是否存在机会不公平和规则不公平的问题。基尼系数测算的目的是在初次分配的基础上进一步从二次分配的角度测算住房公积金制度对不同群体中资源配置的程度如何。

5.2.1 基于计量模型的实证分析

（1）分析思路

①住房公积金缴存者与非缴存者的收入差异

该部分的思路是判断住房公积金缴存职工的税后收入[①]是否显著高于非住房公积金缴存职工。由于住房公积金缴存职工能够获得单位提供的货币化补贴，并且在住房消费时享受低息贷款，如果住房公积金缴存职工的税后收入高于非缴存职工，那么从机会公平性的角度来看高收入职工参与资源配置的机会会更大，由此进一步加剧住房公积金缴存职工和非缴存职工之间的收入差距，可以认为住房公积金在全体城镇职工中的资源配置存在不合理现象。由于职工是否参加住房公积金制度是一个二元变量（缴存 =1；未缴存 =0），本章采用 logistic 模型进行检验。

本章还进一步在模型中加入可能影响住房公积金缴存的相关控制变量，包括职业类型和个体特征。尽管住房公积金制度具有强制性，但是目前的《住房公积金管理条例》尚未立法，其法律强制性相对较弱，导致一些企业没有按照相关规定为职工缴存住房公积金（Deng et al.，2009）。此外，一些资金压力较大的企业给职工缴存住房公积金的意愿也不强（Li，2010；Wai and Rodney，2006）。由于住房公积金制度成立初期住房市场化水平较弱，其主要缴存群体为国有企业职工，因此本章将职工的职业类型分为国有部门（含政府机关、事业单位、国有企业、集体企业等）和其他类型。

个体特征变量包括职工性别、年龄、婚姻、政治身份、教育水平等。首先，住房需求在个体的性别、年龄及婚姻状况等方面存在差异。例如，"婚姻驱动"是青年男性住房消费的重要因素，已购买住房的男性在婚姻中更具有竞争力（Wei et al.，2017；吴义东和王先柱，2018）。唐和库尔森（Tang and Coulson，2017）发现 40 岁以上职工的住房公积金缴存率低于 40 岁以下的职工，因此本章的模型中还加入了职工年龄的平方项。其次，教育水平越高的职工越有可能获得更好的社会福利。此外，实证模型中还考虑了地区差异并控制了地区虚拟变量，即东部、中部和西部。

相应的 logistic 模型可表示如式（5.1）。其中，*HPF* 表示个体缴存住

[①] 税后收入不包括单位为职工缴存的住房公积金。

房公积金的二元虚拟变量；i 和 j 分别表示个体和区域；$income$ 表示职工的税后收入，不包括单位为职工缴存的住房公积金；X 为控制变量，包括职业类型和个体特征；δ_j 为区域固定效应；ε_{ij} 为随机扰动项。

$$P(HPF_{ij} = 1) = \alpha + \beta\,income_{ij} + \sum \gamma X_{ij} + \delta_j + \varepsilon_{ij} \qquad (5.1)$$

②缴存职工的货币化补贴与收入特征

该部分的目标是判断住房公积金缴存者的税后收入与获得的货币化补贴之间的关系。根据《住房公积金管理条例》的规定，职工和单位每月的缴存额为职工上一年度工资乘以缴存比例。当地住房公积金管理委员会对缴存比例设定区间，单位可在此区间内自行选择。因此，本部分分析的核心是检验高收入缴存职工获得的单位补贴是否显著高于低收入缴存职工。如果回归结果显著，则说明住房公积金制度存在规则不公平，对资源配置的过程存在不合理。由于货币补贴是一个连续变量，本章采用 OLS 模型进行估计，相关控制变量与上式相同。相应的 OLS 模型可表示如式（5.2）。其中，$deposit$ 是一个表示单位货币化补贴的连续变量。

$$deposit = \rho + \sigma\,income_{ij} + \sum \theta X_{ij} + \delta_j + \tau_{ij} \qquad (5.2)$$

（2）实证结果

按照上节的实证思路，基于计量模型分析的实证结果如表 5.2 所示。列（1）汇报了住房公积金缴存者的个体特征。职工收入变量与是否缴存住房公积金显著正相关，说明住房公积金缴存职工的税后收入显著高于非住房公积金缴存职工，高收入职工参与资源配置的机会更大。其他控制变量方面，国有企业职工缴存住房公积金的概率更高，这与现实情况较为吻合。住房公积金缴存与职工的年龄表现为倒"U"形的关系，拐点为 38 岁，这与唐和库尔森（Tang and Coulson，2017）的研究一致。可能的解释是年轻群体的住房需求更强，住房公积金的金融支持对此类群体更有吸引力，他们在就业选择中更倾向于能够提供住房公积金的单位；而年长者的住房需求相对较弱，加上住房公积金的专项使用限制，他们对住房公积金的主观需求弱于青年群体。男性和具有党员身份的职工参与住房公积金的可能性更高，并且教育水平也与住房公积金缴存显著正相关，这些均验证了上文的推断。

列（2）汇报了缴存职工获得的单位补贴与职工收入的关系。职工收入与单位提供的货币补贴显著正相关，意味着越高收入职工能够获得的额外补贴越多，这与陈和邓（Chen and Deng，2014）的观点保持一致。国有部门职工相比较于其他类型企业的职工而言能够获得更高的单位补贴，可能的原因在于国有部门为职工缴存住房公积金的资金来源为财政预算，并不会为单位本身带来过大的资金压力（Li and Zheng，2007）。而私营企业为职工缴存住房公积金会为企业带来额外的资金负担，这导致在严峻的市场竞争下私营企业规避为职工缴存住房公积金或按照最少的缴存比例缴存。受教育年限越长的职工获得的货币补贴越多，可能是因为受过更多教育的职工收入水平普遍较高。此外，东部发达地区的职工获得的货币补贴显著高于中部和西部地区的职工。

表 5.2　　　　　　　　　　计量分析的实证结果

变量名	（1） Logit 模型	（2） OLS 模型
	HPF	*deposit*
Income	0.317 *** (0.031)	0.641 *** (0.010)
Job	1.902 *** (0.053)	0.143 *** (0.019)
Age	0.129 *** (0.025)	−0.010 (0.009)
Age^2	−0.0017 *** (0.0003)	0.0001 * (0.0001)
Sex	0.651 *** (0.066)	−0.017 (0.021)
Marriage	0.0261 (0.092)	0.095 *** (0.034)
Communist	0.586 *** (0.073)	0.009 (0.026)
Education	0.261 *** (0.010)	0.043 *** (0.003)
Central	−0.425 *** (0.067)	−0.143 *** (0.023)
Western	−0.376 *** (0.068)	−0.039 * (0.023)
Constant	−10.90 *** (0.629)	−1.828 *** (0.217)

续表

变量名	（1）Logit 模型	（2）OLS 模型
	HPF	*deposit*
Observations	10,993	4,641
R – squared		0.354

注：（1）括号中的数为标准误；（2）*** p < 0.01，** p < 0.05，* p < 0.1。

上述实证结果提供了关于住房公积金制度公平性的初步判断。首先，相比较于非住房公积金参与职工而言，住房公积金缴存职工普遍具有较高的收入水平，并且能够获得额外的单位补贴，而低收入职工缴存住房公积金的概率更小，这表明现有的住房公积金运行情况从机会公平的角度扩大了缴存职工和非缴存职工之间的收入差距；其次，对住房公积金缴存职工内部而言，收入越高的职工获得的额外补贴越多，意味着住房公积金会从规则公平的角度加剧缴存者内部收入分配的差距。

上述分析结果表明，住房公积金的制度设计对非住房公积金缴存职工不公平，对缴存职工的收入分配也具有不合理性。此部分的结果与现有文献的结论基本保持一致（陈峰和邓保同，2014；陈杰，2010；李运华和殷如玉，2015；徐跃进，2017）。正如陈和邓（Chen and Deng，2014）的研究结论，高收入职工不仅缴存住房公积金的可能性大，还能获得更多的补贴，住房公积金的制度设计存在一定的缺陷。

5.2.2 基于基尼系数的定量测算

（1）分析思路

基于基尼系数的定量测算部分采用"投射—实施后"比较法的框架来研究住房公积金政策实施前后对资源配置的影响。按照资源配置公平性的测度指标设计，本部分选择基尼系数和 RE 指数来进行定量分析。[①] 根据住房公积金支持住房消费的政策工具以及本章的群体界定，本章考虑以下四种情形分析住房公积金对职工住房消费时的资源配置过程。此外，根据

---

① 需要说明的是，我国住房普遍是以家庭为单位进行消费，因此在实证过程中本文将个体状态转化为家庭特征进行研究。首先，基尼系数和 RE 指数均以家庭为单位进行计算；其次，住房公积金缴存额及单位货币化补贴额为家庭中所有缴存者的缴存总额；最后，由于资金缴存和住房贷款往往以月度进行，下文的计算过程均以月度为计算单位。

第 4 章的测算结果，税收减免政策工具在职工住房消费中的支持力度微乎其微且定量计算过程较为繁杂，在下文的测算过程中本文重点考察单位货币补贴和低息贷款两种政策工具。

①情形 1：没有住房公积金

情形 1 为"投射"状态，是基准情况设定，即假设不存在住房公积金制度情况下职工的收入分布情况。如上文所述，如果没有住房公积金，缴存职工的月缴存额将以工资的形式发放，而非住房公积金缴存者的实际收入不变。此时，住房公积金缴存职工的收入可表达为式（5.3）。其中，inc_{NOHPF} 为没有住房公积金情况下职工的收入；$income$ 表示职工的税后收入，不包括单位的货币补贴部分；$deposit$ 是职工家庭月缴存额。

$$inc_{NOHPF} = income + deposit \qquad (5.3)$$

此时我们可以计算出在没有住房公积金情况下全体城镇职工的基尼系数以及住房公积金缴存者内部的基尼系数，以此作为后续情形的对照组，分别表示为 G_{NO_WHOLE} 和 G_{NO_HPF}。

在测算了"投射"状态下的基尼系数之后，下面考虑"实施后"状态下的基尼系数。根据住房公积金支持住房消费的政策工具可以分为以下情形。

②情形 2：货币补贴

根据住房公积金支持职工住房消费时的收入分配机制，我们首先分析单位货币补贴对职工收入初次分配的影响。在情形 2 中，住房公积金缴存职工可以获得单位提供的货币补贴，而非住房公积金缴存职工不能。如上文所述，单位的货币化补贴可以视为住房公积金缴存职工的额外收入。在这种情况下，住房公积金缴存职工在住房消费时的等效收入可以表示为式（5.4）。其中，inc_{MS} 为考虑货币化补贴后职工家庭的等效收入。

$$inc_{MS} = income + 2 \times deposit \qquad (5.4)$$

此时，在考虑缴存职工获得货币补贴后我们可以计算出全体城镇职工的基尼系数 G_{MS_WHOLE}。此时货币补贴对全体城镇职工收入分配的影响效应可用 RE 指数表示为式（5.5）。

$$RE_{MS\_WHOLE} = G_{MS\_WHOLE} - G_{NO\_WHOLE} \qquad (5.5)$$

如果 $RE_{MS\_WHOLE} > 0$，则表示货币补贴政策工具逆向调节了全体城镇职工的收入分配，即缴存职工与非缴存职工的收入差距变大，意味着住房公积金参与机制的制度设计不合理。

在获得单位货币补贴后，我们同样可以计算出住房公积金缴存职工内部的基尼系数 G_{MS_HPF}。此时货币补贴对住房公积金缴存职工收入分配的影

响效应可用 RE 指数表示为式（5.6）。

$$RE_{MS\_HPF} = G_{MS\_HPF} - G_{NO\_HPF} \tag{5.6}$$

如果 $RE_{MS\_HPF} > 0$，则表示货币补贴政策工具逆向调节了住房公积金缴存职工内部的收入分配，即住房公积金缴存职工之间的收入差距被扩大，意味着住房公积金缴存机制的制度设计不合理。

③情形 3：所有缴存者均使用住房公积金贷款

情形 3 分析住房公积金在支持职工住房消费时通过住房公积金低息贷款产生的收入二次分配效应。由于住房公积金政策在城市之间存在差异，并且受到收入约束的影响职工能够获得的低息贷款额度也不相同，因此职工获得的等效收益具有差异。情形 3 假设所有住房公积金缴存者均能够在住房消费时获得住房公积金贷款，以此来评价住房公积金制度设计的合理性。

如果没有住房公积金制度，缴存职工在购房时的融资渠道主要是商业银行贷款。此时，商业银行贷款的月还款额 $repayment_{bank}$ 可表示如式（5.7）。其中，HP 代表住房总价；$down$ 为首付款比例；$rbank$ 为商业银行贷款的月利率；$term$ 为贷款期数。

$$repayment_{bank} = HP \times (1 - down) \times rbank \times \frac{(1 + rbank)^{term}}{(1 + rbank)^{term} - 1} \tag{5.7}$$

在住房公积金贷款的情况下，月还款额取决于职工能够获得的住房公积金贷款额度。因此，职工通过住房公积金贷款购房时的月还款额 $repayment_{HPF}$ 分为以下两种情况，如式（5.8）和式（5.9）。其中，HPF_loan 为缴存职工能够获批的住房公积金贷款额度；$rHPF$ 为住房公积金贷款月利率。

当 $HP \times (1 - down) \leqslant HPF\_loan$ 时，

$$repayment_{HPF} = HP \times (1 - down) \times rhpf \times \frac{(1 + rhpf)^{term}}{(1 + rhpf)^{term} - 1} \tag{5.8}$$

当 $HP \times (1 - down) > HPF\_loan$ 时，

$$repayment_{HPF} = [HP \times (1 - down) - HPF\_loan] \times rbank \times \frac{(1 + rbank)^{term}}{(1 + rbank)^{term} - 1}$$
$$+ HPF_{loan} \times rhpf \times \frac{(1 + rhpf)^{term}}{(1 + rhpf)^{term} - 1} \tag{5.9}$$

因此，相比较于商业银行贷款，住房公积金贷款能够为职工在购房时节约的月还款额 $\Delta repayment$ 可表示为式（5.10）。

$$\Delta repayment = repayment_{bank} - repayment_{HPF} \tag{5.10}$$

缴存职工可将个人缴存资金和单位货币补贴提取用于偿还住房贷款的月供，因此职工通过住房公积金贷款购房时的等效收入 inc_{LOAN} 可表示为式

（5.11）。

$$inc_{LOAN} = inc_{NOHPF} + deposit + \Delta repayment \qquad (5.11)$$

此时可以计算出全体城镇职工收入的基尼系数 G_{LOAN_WHOLE}，住房公积金贷款对全体城镇职工收入二次分配的政策效应 RE_{LOAN_WHOLE} 可表示为式（5.12）。

$$RE_{LOAN\_WHOLE} = G_{LOAN\_WHOLE} - G_{NO\_WHOLE} \qquad (5.12)$$

如果 $RE_{LOAN\_WHOLE} > 0$，则表示低息贷款政策工具逆向调节了住房公积金缴存职工与非缴存职工的收入分配，即全体职工之间的收入差距被扩大，意味着住房公积金参与机制的制度设计不合理。

同样，住房公积金缴存职工内部的收入基尼系数 G_{LOAN_HPF} 也可以算出，住房公积金贷款对住房公积金缴存职工内部收入二次分配的政策效应 RE_{LOAN_HPF} 可表示为式（5.13）。

$$RE_{LOAN\_HPF} = G_{LOAN\_HPF} - G_{NO\_HPF} \qquad (5.13)$$

如果 $RE_{LOAN\_HPF} > 0$，则表示低息贷款政策工具逆向调节了住房公积金缴存职工内部的收入分配，即住房公积金缴存职工之间的收入差距被扩大，意味着住房公积金参与贷款机制的制度设计不合理。

④情形4：考虑住房支付能力

上述情形3是基于相对理想的状态下假设所有住房公积金缴存职工均可获得住房公积金贷款，现实情况中住房支付能力不足依然是阻碍职工购房的主要因素。因此，情形4进一步考虑了职工因支付能力不足而无法获得住房公积金贷款的情况。

高收入家庭往往具有较高的资金流动性，能够根据自身的财富水平进行恰当的住房消费，因此本章假设高收入职工不存在支付能力不足的问题。实际情况中，支付能力不足主要发生于低收入家庭。对于无法获得住房公积金贷款的低收入缴存职工家庭，本章定义的策略如下。首先，本章在考虑地区差异的基础上将每个省份的样本进行五等分；其次，结合3.3.2节关于月供收入比标准的设定，本章放宽家庭支付能力不足的评价标准，定义每个省份最低收入组家庭在购买平均价格住房时月供收入比高于0.5的家庭为支付能力不足。① 此时，此类职工家庭只能获得单位提供的货币化补贴，无法参与住房公积金贷款的二次收入分配。

---

① 事实上，这个标准的设定相比较于实际情况而言较为宽松。例如，中低收入职工可能还存在首付款支付能力不足的问题，从而无法获得住房公积金贷款。因此，在考虑支付能力不足情况下本文的条件设定可能会低估公积金对资源配置公平性的逆向扩大效应。

在考虑住房支付能力后，全体城镇职工和住房公积金缴存者内部的收入基尼系数可分别用 G_{HA_WHOLE} 和 G_{HA_HPF} 表示。此时，住房公积金贷款对两类群体的收入分配效应可分别表示为式（5.14）和式（5.15）。

$$RE_{HA\_WHOLE} = G_{HA\_WHOLE} - G_{HA\_WHOLE} \tag{5.14}$$

$$RE_{HA\_HPF} = G_{HA\_HPF} - G_{NO\_HPF} \tag{5.15}$$

（2）测算结果

四种情形下两类群体的基尼系数和 RE 指数值如表 5.3 所示。

表 5.3　　　　　　　　　　基于基尼系数的测算结果

群体类别	"投射"状态	"实施后"状态					
	情形 1	情形 2		情形 3		情形 4	
	没有住房公积金的基尼系数	货币补贴的基尼系数	RE_{MS_WHOLE}	低息贷款基尼系数	RE_{LOAN_WHOLE}	考虑贷款可得性的基尼系数	RE_{HA_WHOLE}
第一类群体	0.4917	0.4949	0.0032	0.4992	0.0075	0.4997	0.0080
第二类群体	0.4355	0.4329	−0.0026	0.4281	−0.0074	0.4314	−0.0041

注：（1）第一类群体为全体城镇职工，包括 4,641 个住房公积金缴存职工和 6,352 个非缴存职工；（2）第二类群体为 4,641 个住房公积金缴存职工。

关于第一类群体（全体城镇职工）基尼系数的变化，如 A 栏所示。在情形 1 "投射"状态下（没有住房公积金制度时）全体城镇职工的基准基尼系数为 0.4917。在"实施后"状态下（存在住房公积金），考虑情形 2 货币补贴之后全体城镇职工的基准基尼系数为 0.4949，比没有住房公积金制度时高出 0.0032。当假设所有住房公积金缴存职工均可获得低息贷款时，全体城镇职工的基准基尼系数为 0.4992，比情形 1 高出 0.0075。考虑到情形 4，即部分低收入缴存职工无法获得低息贷款时基尼系数为 0.4997。

A 栏的结果表明，住房公积金制度在支持职工住房消费时不管是资源的初次分配机制还是再次分配机制均加剧了全体城镇职工的收入差距。这与上节通过计量模型实证分析的结果保持一致，即住房公积金扩大了缴存职工和非缴存职工的收入分配不公平，住房公积金参与机制的制度设计存在不合理。

关于第二类群体（住房公积金缴存职工）基尼系数的变化，如 B 栏所示。住房公积金缴存职工内部的基尼系数与 A 栏中的结果呈现相反的趋势。具体而言，情形 2 货币补贴与情形 1 没有住房公积金制度相比基尼系数由 0.4329 降低为 0.4355，降低了 0.0026。当假设所有住房公积金缴存职工均可获得低息贷款时，住房公积金缴存职工内部的基尼系数进一步下降为 0.4281。

上文通过计量模型的实证分析结果表明，住房公积金加剧了缴存职工内部收入分配的不公平，但是在 B 栏中，通过基尼系数的测算结果却显示住房公积金制度并没有加剧收入分配不公，反而缩小了缴存职工在购房时的收入差距。两者结果相反，是值得下文进一步讨论的问题。

此外，需要进一步注意的是，在情形 4 考虑住房支付能力时，缴存职工内部的基尼系数为 0.4314，高于全体职工均可获得住房公积金贷款时的基尼系数，这意味着住房公积金贷款的可得性不足可能会反向加剧收入分配的不公平。这也是值得下文进一步讨论的话题。

5.2.3 稳健性检验

（1）基于调整相关假设条件的稳健性检验

上文指出，由于微观调研数据缺少城市层面的信息，本章无法获得在城市层面对缴存职工住房公积金贷款条件的具体信息。因此，上述测算结果是基于"职工家庭住房公积金贷款额度为账户余额的 20 倍，最高贷款额度不超过 120 万元，职工缴存住房公积金 1 年之后购房"的假设下得出的。为了进一步验证上述测算结果的稳健性，本章通过对相关参数的调整进行稳健性检验。相应的住房公积金贷款参数调整为"职工家庭住房公积金贷款额度为账户余额的 15 倍，最高贷款额度不超过 100 万元，职工缴存住房公积金 2 年之后购房"。

相关参数调整之后两类群体基尼系数的变化如表 5.4 所示。A 栏的结果表明，在对相关参数假设进行调整之后，当假设所有住房公积金缴存职工均可获得低息贷款时，全体城镇职工的基准基尼系数为 0.4989，比情形 1 高出 0.0072。即住房公积金加大了缴存职工和非缴存职工之间的收入差距，这与上文测算结果一致。

表 5.4　　　　　　　　相关参数调整后的稳健性检验结果

群体类别	"投射"状态	"实施后"状态						
	情形 1	情形 2		情形 3		情形 4	
	没有住房公积金的基尼系数	货币补贴的基尼系数	RE_{MS_WHOLE}	低息贷款基尼系数	RE_{LOAN_WHOLE}	考虑贷款可得性的基尼系数	RE_{HA_WHOLE}
第一类群体	0.4917	0.4949	0.0032	0.4989	0.0072	0.4992	0.0078
第二类群体	0.4355	0.4329	−0.0026	0.4294	−0.0061	0.4314	−0.0041

注：（1）第一类群体为全体城镇职工，包括 4,641 个住房公积金缴存职工和 6,352 个非缴存职工；（2）第二类群体为 4,641 个住房公积金缴存职工。

B 栏的结果同样表明，在相关参数调整之后，住房公积金贷款依然能够缩小缴存职工在购房时的内部收入差距。此外，在考虑低收入职工贷款可得性不足时，基尼系数同样反向增加。

通过调整相关假设条件的计算结果与表 5.3 保持一致，表明上述结论具有稳健性。

（2）基于倾向得分匹配法的稳健性检验

①稳健性检验思路

除了需要对相关指标进行一定的假设之外，客观而言，上文的分析过程可能会存在选择性偏误。首先，职工是否缴存住房公积金在一定程度上取决于其所在的单位是否参与住房公积金制度。一般情况下，如果单位按照规定正常登记参与住房公积金制度，则职工也会正常缴存（Chen and Deng，2014）。此外，住房公积金缴存比例一般由当地住房公积金管理委员会设定而非个人选择。因此，为了避免可能的选择性偏差，本章选择倾向得分匹配法（PSM）来构建虚拟样本进行稳健性检验。

倾向得分匹配法（PSM）的基本思想是找到一个未缴存住房公积金的个体 I，该个体的可观测变量尽可能地与住房公积金缴存职工 J 相似。由个体 I 组成的样本构成了住房公积金缴存职工样本的虚拟样本，其基本思想可表达如下。根据条件独立假设（Rosenbaum and Rubin，1983），住房公积金缴存职工和非缴存职工的收入差异可以被估计出来。

对于任意一个个体 m，其是否参与资源分配过程会有两种状态，主要

取决于个体是否参与缴存住房公积金，即

$$inc_m = \begin{cases} inc_{1m}缴存住房公积金缴存，HPF_m = 1 \\ inc_{0m}未缴存住房公积金缴存，HPF_m = 0 \end{cases} \qquad (5.16)$$

其中，inc_{0m} 表示个体 m 没有缴存住房公积金时的实际收入，而 inc_{1m} 表示住房公积金缴存职工在住房消费时的等效收入。

通过整理，可将 inc_m 写为式（5.17）。其中，（$inc_{1m} - inc_{0m}$）为个体 m 缴存住房公积金的因果效应，或称为处理效应。

$$inc_m = (1 - HPF_m)inc_{0m} + HPF_m\,inc_{1m}$$
$$= inc_{0m} + (inc_{1m} - inc_{0m})HPF_m \qquad (5.17)$$

在实际中，我们往往更关注项目实际参与者的平均处理效应（average treatment effect on the treated，ATT）。进一步地，该处理效应可以表示为式（5.18）。

$$ATT \equiv E(inc_{1m} - inc_{0m} \mid HPF_m = 1) \qquad (5.18)$$

因此，住房公积金对缴存者的收入分配效应则可以通过对比虚拟样本和实际样本之间基尼系数的差异估计得来。为使得平均误差最小，本章采用 1:4 近邻匹配法对住房公积金缴存职工进行匹配。

②稳健性检验结果

a. 缴存职工和非缴存职工的收入差异。运用倾向得分匹配法（PSM）进行平衡性检验和平均处理效应（ATT）的结果如表 5.5 所示。协变量的平均偏差和中位偏差经过匹配均降低到 10% 以下，系数 B 小于 25，R 值处于 0.25 和 2 之间，表明经过匹配构建的虚拟样本具有较强的合理性和可比性。ATT 值为 2,630 元，并在 1% 的水平上显著，说明住房公积金缴存职工的税后收入显著高于非缴存职工。

表 5.5 所示的结果与上文保持一致，通过更为精确的虚拟样本构建进一步证实了住房公积金会加剧全体城镇职工在住房消费时的收入差距。

表 5.5　　协变量平衡性检验与平均处理效应

样本	Ps R2	Mean Bias	Median Bias	B	R	% Var	ATT	S. E.	T
匹配前	0.285	51.3	36.1	144.2	1.14	67	6,674	314	21.21
匹配后	0.002	3.8	2.1	9.3	1.12	0	2,630 ***	623	4.22

注：*** p < 0.01。

　　b. 缴存职工内部的收入差异。基于 1∶4 近邻匹配法，在剔除了部分匹配不成功的样本后共保留了 8,781 个样本，其中 5,135 个虚拟样本与 3,646 个住房公积金缴存职工样本（实际样本）匹配成功。相应的计算结果如表 5.6 所示。

表 5.6　　　　基于倾向得分匹配法（PSM）匹配样本的基尼系数

项目	(1)	(2)	(3)
	虚拟样本	实际样本	虚拟样本
没有住房公积金	0.4809	—	—
单位补贴	—	0.4320	0.4546
低息贷款	—	0.4272	0.4307
考虑贷款可得性	—	0.4298	0.4387

注：（1）列（1）为基于非住房公积金缴存职工的虚拟样本的计算结果；（2）列（2）为基于住房公积金缴存职工的计算结果；（3）列（3）为假设虚拟样本中的个体均参与住房公积金制度的计算结果。

　　首先，由于通过倾向得分匹配法（PSM）构建的虚拟样本均来自非住房公积金缴存职工，此类样本不参与货币化补贴和低息贷款的分配过程，因此在列（1）中省略。列（1）显示 5,135 个虚拟样本的基尼系数为 0.4809。

　　其次，对于实际样本，住房公积金缴存职工获得单位货币补贴后的基尼系数为 0.4320，低于虚拟样本。当所有缴存职工均可获得住房公积金贷款时，基尼系数降为 0.4272。在考虑职工的住房支付能力时，基尼系数为 0.4298。上述结果表明住房公积金缴存职工内部的收入差距小于虚拟样本。

　　最后，本章假设所有虚拟样本中的个体均参与住房公积金制度，并且虚拟样本中的个体能够获得的单位补贴额等于与其匹配的实际样本获得的补贴额。结果如列（3）所示，不同情形下的基尼系数分别为 0.4546、0.4307 和 0.4387，均小于虚拟样本中的 0.4809。这进一步验证了缴存职工内部的收入差距通过住房公积金支持住房消费的政策机制得以缩小。

　　综合上述分析可以看出，在通过倾向得分匹配法（PSM）构建虚拟样本后得出的结论依然与上文保持一致，验证了本章结论的稳健性。

5.3 住房公积金制度设计的进一步讨论

5.3.1 缴存职工的收益测度

在规则设计公平性方面，上文基于基尼系数测算的结果与基于计量模型的分析结果与并不一致。本节按照对缴存职工家庭收入五等分的方法进一步分析住房公积金对不同收入家庭资源配置的具体影响。本节中进一步引入两个评价指标：货币补贴与家庭收入比（RMSINC）与住房公积金贷款等效收益与家庭收入比（RDINC）。这两个相对指标反映的是不同收入的职工家庭从住房公积金制度中获得的边际收益大小。

住房公积金制度对不同收入职工家庭购房时收入初次分配和再次分配的具体情况如表5.7所示。从住房公积金的收入初次分配过程来看，高收入职工家庭住房公积金参与率为69.0%，而最低收入家庭住房公积金参与率仅为13.4%。最高收入职工家庭每月住房公积金缴存额为1,467元，远高于低收入职工家庭。这与上文基于计量模型回归分析的结果一致，即在机会公平性方面，高收入职工参与住房公积金的可能性更大并且能够获得更多的单位补贴。然而，货币补贴占家庭收入比这一相对指标却与家庭收入呈现反向的相关关系，低收入职工家庭获得的货币补贴占家庭收入的比例高于高收入职工家庭。

从住房公积金的收入二次分配过程来看，高收入职工家庭通过住房公积金贷款获得的等效收益为3,526元，低收入职工家庭为401元。住房公积金贷款等效收益占家庭收入比在高收入家庭中的平均值为12.8%，而在低收入职工家庭中为16.9%，同样也呈现出随着收入增加而下降的趋势。

进一步地，本章引入住房公积金制度收益与职工月缴存额的比（DTD）这一指标测度职工向住房公积金资金池贡献能够获得的杠杆效应，即职工每缴存一元钱能够撬动的收益有多少。如表5.7所示，DTD的值在低收入职工家庭中的平均值为2.6，意味着低收入家庭每缴存1元钱就能获得2.6元的等效收益。DTD值同样随着职工家庭收入的增加而减少，表明低收入职工家庭通过住房公积金制度获得的杠杆效应高于高收入家庭。

此外，本章还采用多独立样本非参数检验方法，对上述指标在相应样本不同收入群体中的分布和中位数的组间差异性进行了检验，如表 5.7 中的列（7）和列（8）所示，克鲁斯尔—沃利斯检验（Kruskal – Wallis）和中位数检验结果显示所有指标的 P 值均在 1% 的水平上显著。因此，各测度指标在五个分组中的分布和中位数具有明显的差异。

表 5.7　　　　　　　　不同收入群体的住房公积金收益测算

变量名	变量描述	(1) 全样本	(2) 低收入	(3) 中低收入	(4) 中等收入	(5) 中高收入	(6) 高收入	(7) Kruskal – Wallis 检验	(8) 中位数检验
$RHPF$	住房公积金参与率	0.422	0.134	0.303	0.422	0.561	0.690	0.000 ***	0.000 ***
$Deposit$	月缴存额/元	802	154	306	447	677	1,467	0.000 ***	0.000 ***
inc_{NOHPF}	没有住房公积金时的家庭收入/元	15,440	2,378	5,079	7,666	11,762	30,316	0.000 ***	0.000 ***
$RMSINC$	货币补贴与家庭收入比	0.053	0.061	0.056	0.054	0.053	0.049	0.000 ***	0.000 ***
inc_{MS}	货币补贴后的家庭等效收入/元	16,242	2,532	5,384	8,112	12,439	31,784	0.000 ***	0.000 ***
inc_{LOAN}	住房公积金贷款后的家庭等效收入/元	17,405	2,779	5,858	8,790	13,455	33,842	0.000 ***	0.000 ***
$DELTAINC$	职工通过住房公积金获得的等效收益/元	1,965	401	780	1,125	1,693	3,526	0.000 ***	0.000 ***
$RDINC$	住房公积金贷款等效收益与家庭收入比	0.142	0.169	0.153	0.146	0.143	0.128	0.000 ***	0.000 ***
DTD	住房公积金等效收益与职工月缴存额比	2.45	2.60	2.55	2.52	2.50	2.40	0.000 ***	0.000 ***

注：（1）列（1）~列（6）汇报了不同收入群体的各指标计算结果；（2）列（7）和列（8）汇报了 Kruskal – Wallis 检验和中位数检验的 p 值；（3）　*** p < 0.01。

因此，通过对缴存职工购房过程所获得收益的进一步测算结果表明，住房公积金的制度设计在规则上具有公平性，其制度设计的规则有利于促进缴存职工住房消费的公平性。

5.3.2　限高保低的制度设计

为了进一步明确住房公积金规则公平性的根本原因，本章再次对住房公积金支持住房消费的具体机制和制度设计内容进行剖析。

首先，《住房公积金管理条例》不仅规定了通行的缴存基数，还进行了范围的限定，即缴存基数不低于职工所在城市上一年度最低工资，也不得超过所在城市职工平均工资的三倍。缴存比例同样也有范围限定，即最低缴存比例为 5%，最高缴存比例为 12%。例如，北京市 2019 年住房公积金缴存基数为 2,200～27,786 元，单位和职工每月缴存额度的下限为110 元，上限为 3,334 元。由此，我们假设有两位职工，月工资分别为27,786 元和 50,000 元，收入更高的职工能够获得的单位补贴需要满足上限要求。此时两位收入不同的职工获得的单位补贴额度相同。相反，假设有两位月工资分别为 2,000 元和 2,200 元的职工，他们能够获得的单位补贴额度须满足下限要求，即每月 110 元。[①]

其次，各地住房公积金管理委员会设定的住房公积金贷款限额也是影响收入二次分配的主要因素。例如，2019 年上海市住房公积金贷款管理办法规定，在上海市购房的住房公积金缴存职工能够获得的贷款额度为职工账户余额的 30 倍，但同时不得高于 120 万元的最高贷款限额。此时，对于账户余额分别为 4 万元和 8 万元的两位职工而言，他们能够获得的住房公积金贷款最大额度相同，均为 120 万元。此外，部分城市除了设定住房公积金贷款最高限额之外还规定了职工能够获得的贷款下限。例如，杭州市住房公积金贷款管理办法规定职工住房公积金贷款额度为账户余额的 15 倍，最高额度不超过 100 万元，最低额度不低于 15 万元。此时，对于账户余额为 5,000元和 10,000 元的两位职工而言，能够获得的低息贷款额度是相同的。

最后，对于住房公积金缴存职工而言，基于计量模型分析和基于基尼系数测算结果不一致的内在原因变得更加清晰。首先，资源分配的不公平意味着资源在分配的过程中向高收入群体倾斜；其次，从住房公积金支持住房消费时的资源配置来看，虽然在住房公积金缴存职工中高收入者能够获得更多的货币补贴和低息贷款，但是基于基尼系数的测算发现住房公积金"限高保低"的独特制度设计能够在减少高收入缴存职工的边际收益的

---

①　资料来源：北京市住房公积金管理中心网站，http://gjj.beijing.gov.cn/web/zwgk61/300587/300696/1752737/index.html.

同时保证低收入缴存职工的收益；最后，这种政策设计能够使得低收入缴存职工通过有限的资金贡献撬动更多的收益，因此，从住房公积金的规则设计而言，住房公积金在支持缴存职工住房消费时表现出有利于优化资源配置的作用，具有一定的公平性。

5.4　本 章 小 结

本章立足于从资源配置的角度从形式维度分析住房公积金制度的机会公平性和规则公平性。在对全体城镇职工和住房公积金缴存职工两个群体界定的基础上，本章基于计量经济模型和基尼系数分析了住房公积金对资源配置的过程，发现了对缴存职工而言两种实证结果存在的矛盾，并对住房公积金制度设计的机制和内容进行了深入剖析。本章的主要结论有以下三点。

首先，从参与机制来看，住房公积金制度存在机会不公平。基于计量模型分析和基于基尼系数测算的结果均表明，高收入职工参与资源配置的机会更高，进而扩大了缴存职工和非缴存职工在购房时的收入差距，加剧了全体城镇职工的收入分配不公平。

其次，从支持过程来看，住房公积金对缴存职工而言具有规则公平性。低收入缴存职工相对于高收入职工能够通过住房公积金制度在购房时撬动更多的收益，"限高保低"的制度设计使得缴存职工获得的边际收益随收入增加呈现递减趋势。因此，在缴存职工均可以通过住房公积金贷款购房时，住房公积金的制度设计有利于减缓资源配置的不公平。

最后，规则公平性的一个前提是缴存职工使用住房公积金的机会均等。缴存职工贷款可得性不足可能会逆向削弱住房公积金制度设计的规则公平性。基于基尼系数的定量测算和稳健性检验结果均发现，当低收入职工由于收入约束无法获得住房公积金制度的收益时，缴存职工内部资源分配不公平的风险将进一步加剧。

上述研究表明，对住房公积金制度设计的公平性应该辩证地看待。就现实情况而言，低收入缴存职工的贷款约束对其规则公平性带来挑战。住房公积金支持住房消费的实际群体差异也是下个章节需要重点研究的内容。

第 6 章

住房公积金支持住房
消费的价值维度评价

基于价值维度，本章以结果公平性为评价标准，从微观个体层面分析住房公积金支持住房消费的结果公平性。本章的研究同时也是对第4章政策有效性和第5章制度设计公平性的进一步延伸，考察住房公积金制度的实施结果是否存在个体差异。基于对收入分组回归的方法，本章分别分析了住房公积金支持住房消费行为和提高缴存职工住房支付能力的个体差异并进行了稳健性检验。另外，本章就制度设计的规则公平性与现实差异性做了进一步讨论，为第7章的政策模拟提供依据。

6.1 群体界定和样本描述

6.1.1 群体界定

本章聚焦于住房公积金缴存职工群体内部，基于缴存职工的收入差异分析住房公积金支持住房消费的结果公平性。按照国家统计局对家庭收入分组的通用做法，本章以省（区、市）为单位根据家庭收入对微观样本按收入从高到低进行五等分。收入最高的前20%群体为高收入组，随后依次为中高收入组、中等收入组、中度收入组、低收入组。

6.1.2 样本描述

本章选择的微观个体数据为2013年中国家庭金融调查（CHFS）调研

数据，如 5.1.2 节所述，中国家庭金融调查（CHFS）数据包含家庭收入、住房消费、信贷金融等本研究所需要的重要变量。需要说明的是，虽然目前中国家庭金融调查（CHFS）公布了 2011~2017 年的多年微观抽样数据，但只有 2013 年的微观数据中包括了职工家庭住房贷款模式（是否使用住房公积金贷款）。此外，由于住房公积金制度支持住房消费的核心内容至今没有进行调整，因此本章选择 2013 年的微观数据仍然具有一定的代表性。基于研究目标，本章对相关数据进行了如下处理：（1）保留城镇居民家庭；（2）保留户主年龄为 16~60 岁的样本；（3）剔除具有缺失值的样本。最终有效样本为 9,088 个。

相关变量在全样本及分组样本中的描述性统计如表 6.1 所示。在全样本中，通过市场渠道购房的职工家庭占比 50.5%，这低于现有文献中描述的我国住房自有率。这可能有以下原因：首先，住房政策改革之后，住房产权作为一种固定资产可以被后代继承，部分家庭不需要通过市场购买即可继承或受赠父母的住房产权；其次，2008 年之后以棚户区改造为重点的保障性安居工程有效地改善了部分困难群众的住房条件，在一定程度上提高了我国城镇居民的住房自有率，由于住房公积金的内在机制是在职工购房时提供金融支持，本章将非市场渠道购买获得住房的样本定义为虚拟变量 0；最后，职工家庭在购房之前的住房公积金参与率为 39.6%，在购房之后的住房公积金参与率为 40%。之所以区分购房前和购房后的住房公积金参与率主要基于以下两种考虑：第一，只有区分职工购房前是否参与住房公积金才能判断住房公积金是否对职工的购房行为产生影响；第二，后期参与住房公积金仍然能为职工家庭的多套房购买提供支持。

表 6.1　　　　　　　　　　　**变量的描述性统计**

变量名	全样本	低收入	中低收入	中等收入	中高收入	高收入	变量定义
House_pur	0.505	0.310	0.392	0.494	0.592	0.734	住房购买，1 = 是；0 = 否
House_inv	0.091	0.023	0.026	0.044	0.101	0.239	住房投资，1 = 是；0 = 否
HPF_before	0.396	0.118	0.296	0.412	0.533	0.623	购房前缴存住房公积金，1 = 是；0 = 否
HPF_after	0.400	0.120	0.299	0.417	0.540	0.627	购房后缴存住房公积金，1 = 是；0 = 否
Loan	0.211	0.095	0.123	0.192	0.253	0.366	是否使用贷款购房，1 = 是；0 = 否

变量名	全样本	低收入	中低收入	中等收入	中高收入	高收入	变量定义
Loan_HPF	0.335	0.176	0.227	0.289	0.376	0.391	是否使用住房公积金贷款，1 = 是；0 = 否
Income	9.56	1.40	3.75	6.14	9.63	27.0	家庭年收入/万元
Expenditure	1.37	0.954	1.090	1.24	1.45	2.14	人均非耐用品支出/万元
Hsize	3.25	3.17	3.140	3.24	3.37	3.33	家庭人口数/人
Dependency	0.64	0.592	0.617	0.646	0.666	0.684	家庭抚养比
Age	42.1	43.3	42.000	42.1	41.8	41.1	户主年龄/岁
Gender	0.759	0.760	0.769	0.7	0.763	0.742	户主性别，1 = 男；0 = 女
Education	11.7	9.59	10.750	11.67	12.5	13.9	户主受教育年限/年
Marriage	0.865	0.810	0.841	0.876	0.897	0.90	户主婚姻状况，1 = 已婚；0 = 其他
Job	0.379	0.157	0.330	0.435	0.489	0.49	户主工作单位类型，1 = 国有单位；0 = 其他单位
Native	0.817	0.800	0.829	0.809	0.828	0.819	户主是否为本地人，1 = 是；0 = 否

在住房融资渠道方面，仅有 21.1% 的样本家庭通过贷款的方式购房住房，而在贷款购房的家庭中仅有 33.5% 的比例为住房公积金贷款。居民通过贷款购房比例较低的影响因素现有文献也有讨论。首先，即便是我国住房经过市场化改革，单位提供的支持在解决职工住房方面依然十分重要，例如单位提供住房公积金货币补贴，或者部分国有企业、事业单位和大型私营企业通过集资建房的方式向职工提供低价住房，加上贷款程序复杂，职工往往不需要贷款就可以购买住房（Huang and Cheng，2011；Li，2016）。其次，以向亲朋好友借款为特征的非正规借款对我国居民的住房融资发挥重要作用。由于金融成本较低，居民倾向于借助自身的社会资本尽可能多的借钱。因此非正规借款在居民住房融资时对正规的商业贷款存在挤出效应（Yang et al.，2017）。再次，住房公积金贷款审批程序复杂、贷款批复周期长，开发商为了加快资金回笼速度存在限制使用住房公积金贷款的行为，或者对商业贷款购房或全款购房的居民提供额外优惠（Li，2010）。最后，分样本数据还显示高收入家庭购买住房的概率更大、实现多套房购买的比例更高、住房公积金制度的参与率更广以及贷款购房的占比更高。

　　其他控制变量包括可能影响居民住房消费的家庭经济与人口状况信息。具体而言，全样本家庭的平均年可支配收入为 9.56 万元，高收入群体为 27 万元，几乎是低收入家庭的 20 倍。家庭平均非耐用品支出为 1.37 万元，与家庭收入呈正相关的关系。平均家庭规模为 3.25 人，家庭抚养比为 0.64，互助的平均年龄为 42.1 岁，75.9% 为男性，平均受教育年限为 11.7 年，81.7% 的受访者为本地人。此外，分组样本还显示高收入家庭的受教育程度更高，并且在国有部门工作的占比更大。

6.2　住房公积金支持住房消费行为的结果公平性

6.2.1　住房公积金与住房购买

（1）模型设定

　　住房购买是指居民通过市场渠道获得产权住房的行为，是居民住房消费行为的直接体现。由于住房公积金的支持效应主要体现在住房购买之前，本章将住房购买前住房公积金缴存情况 *HPF_before* 作为核心解释变量。本章定义的住房购买是一个二元变量，因此其 *logistic* 模型设定为式（6.1）。其中，β_0 为常数项；ε_i 为随机扰动项；X_i 为控制变量；p_i 为省份固定效应。

$$\ln\left(\frac{p(housing\ purchase)}{1-p(housing\ purchase)}\right)=\beta_0+\beta_1 HPF_{before}+\beta_2 X_i+p_i+\varepsilon_i \quad (6.1)$$

　　此外，在式（6.1）及本章后续模型中均控制了省份固定效应；为减少价格因素的影响，对价格变量按照购房当年为基期做了居民价格消费指数（CPI）平减；为减少异方差的影响，模型中收入和消费变量均做了对数处理。

（2）实证结果

　　全样本的回归结果以及各变量的边际效应如表 6.2 所示。与现有文献的结论类似，本章的结果显示家庭收入、户主的受教育水平、户主的婚姻状态、家庭抚养比、非耐用品支出等变量与家庭的住房购买显著正相关（Eichholtz and Lindenthal，2014；Green et al.，2016；刘成斌和周兵，2015；吴义东和王先柱，2018）。考虑到住房购买行为可能与户主年龄存在非线性关系，回归中还加入了户主年龄的平方项。结果显示两者呈倒"U"形关系，拐点为户主年龄约42岁时。这一结果表明，相对于年长的职工而言，青年群体更希望通过市场获得具有产权的住房。随着年龄的增加，居民的劳动能力和预期收入会逐渐降低，购房的行为减弱。女性户主购房的概率要比男性户主购房的概率高出3.7%，可能的原因在于我国改革开放之后居民的婚姻观念、生活方式和居住安排等方面发生了深刻的变化（宋健，2019）。此外，本地人购房的可能性也显著高于外来人口。

表6.2　　　　　　　　住房购买在全样本中的 logit 回归结果

变量名	系数	标准差	p > z	边际效应
HPF_before	0.518 ***	0.065	0.000	0.101 ***
Income	0.260 ***	0.026	0.000	0.050 ***
Gender	− 0.193 ***	0.059	0.001	− 0.037 ***
Age	0.143 ***	0.018	0.000	0.028 ***
Age^2	− 0.0017 ***	0.000	0.000	0.000 ***
Education	0.132 ***	0.009	0.000	0.026 ***
Hsize	− 0.036	0.027	0.178	− 0.007
Marriage	0.748 ***	0.086	0.000	0.145 ***
Dependency	− 0.630 ***	0.122	0.000	− 0.122 ***
Job	0.032	0.061	0.604	0.006
Expenditure	0.393 ***	0.044	0.000	0.076 ***
Native	0.380 ***	0.070	0.000	0.074 ***
Constant	− 10.500 ***	0.577	0.000	
Observations	9,088			
Pseudo R^2	0.177			

注：*** $p < 0.01$，** $p < 0.05$，* $p < 0.1$。

重要的是，本章关注的核心变量，住房公积金参与对居民住房购买行为具有显著的正向影响。相比较于非住房公积金缴存职工而言，住房公积金缴存职工购房的概率高出10.1%。这一发现与现有文献的结论保持一致（顾澄龙等，2015；王先柱等，2018；Xu，2017；Tang and Coulson，2017）。就这一结果而言，住房公积金取得了一定的政策目标，能够显著促进缴存职工购房。

然而，本章需要重点关注的是住房公积金支持购房的群体异质性。如表6.3所示，住房公积金对支持住房购买的政策结果在不同收入群体中具有一定的差异。具体而言，住房公积金对低收入群体的住房购买支持效应并不显著，其政策效应主要表现在收入相对较高的群体中。

表6.3　　　　　　　　住房购买在不同收入样本中的 logit 回归结果

变量名	（1）	（2）	（3）	（4）	（5）
	低收入	中低收入	中等收入	中高收入	高收入
HPF_before	0.262 （0.185）	0.586 *** （0.144）	0.571 *** （0.138）	0.265 * （0.144）	0.817 *** （0.160）
控制变量	是	是	是	是	是
Constant	−9.223 *** （1.407）	−8.878 *** （3.403）	10.92 *** （4.240）	12.39 *** （4.360）	−6.946 *** （2.140）
Observations	1,823	1,819	1,819	1,810	1,817
Pseudo R^2	0.1197	0.1439	0.1419	0.1719	0.1370

注：（1）括号中的数为标准误；（2）*** $p<0.01$，** $p<0.05$，* $p<0.1$；（3）表6.3及后续回归结果表格中的控制变量与表5.2保持一致，本章重点关注的是住房公积金缴存变量，为了在分析过程中清晰简洁，此处表格中将控制变量回归结果省略；（4）本表详细回归结果见附表1。

6.2.2　住房公积金与住房投资

（1）模型设定

住房投资意味着职工在满足首套房购买的基础上购买多套住房，并用于出租或出售的行为，住房投资能够让购房者获得更多的财富。因此本章定义家庭住房超过两套的为住房投资，定义为二元变量 =1。居民在购买首套房之后缴存住房公积金仍然会影响到其继续购房行为，因此本章使用 HPF_after 作为关键解释变量，其 logistic 模型设定如式（6.2）。

$$\ln\left(\frac{p(housing\ investment)}{1-p(housing\ investment)}\right) = \gamma_0 + \gamma_1 HPF\_after + \gamma_2 X_i + p_i + \sigma_i \quad (6.2)$$

（2）实证结果

全样本和分组样本的回归结果如表6.4所示。列（1）中全样本回归结果显示，缴存住房公积金与住房投资行为具有显著的正相关关系，住房公积金缴存职工家庭比非缴存职工家庭更有可能拥有多套住房。列（2）~列（6）的分组样本回归结果显示，住房公积金对住房投资的正向关系只在高收入群体中显著，同样具有群体异质性。这种异质性可能的原因在于两点：一方面，高收入家庭普遍具有较低的收入约束，在住房投资中本身就具有一定的优势；另一方面，高收入家庭参与住房公积金的范围更广，能够获得更多的单位补贴并较快积累购房资金。住房公积金的外部支持能够进一步帮助高收入家庭打破多套房购买的收入约束，进而实现财富的增加。

表 6.4　　　　　　　　　　　住房投资的 logit 回归结果

变量名	(1)	(2)	(3)	(4)	(5)	(6)
	全样本	低收入	中低收入	中等收入	中高收入	高收入
HPF_after	0.433 ***	0.347	0.419	0.167	0.148	0.518 ***
	(0.121)	(0.511)	(0.432)	(0.328)	(0.246)	(0.173)
控制变量	是	是	是	是	是	是
Constant	− 22.54 ***	− 16.90 ***	− 6.485	− 10.42	− 14.40 **	− 13.54 ***
	(1.260)	(4.392)	(11.03)	(9.809)	(6.576)	(1.848)
Observations	9,088	1,823	1,819	1,819	1,810	1,817
Pseudo R^2	0.1654	0.1471	0.1720	0.0854	0.1023	0.0717

注：（1）括号中的数为标准误；（2）*** p < 0.01，** p < 0.05，* p < 0.1；（3）本表详细回归结果见附表 2。

6.2.3　住房公积金与购房年龄

（1）模型设定

职工在首套房购买时的年龄反映了其对外部经济环境的判断及对自身经济水平的度量。居民购房时间越早，在房价上涨情况下其获得的财富增值越多。其模型可表示为式（6.3）。

$$age = \varphi_0 + \varphi_1 HPF\_before + \varphi_2 X_i + p_i + \tau_i \tag{6.3}$$

（2）实证结果

住房公积金与居民初次购房年龄的关系如表 6.5 所示。从全样本回归结果来看，如列（1）所示，在控制其他变量的情况下，缴存职工在购买第一套住房的年龄显著低于非缴存职工，表明住房公积金对于购房年轻化具有积极作用。从分组样本回归结果来看，如列（2）~ 列（6）所示，住房公积金对于购房年轻化的作用仅在高收入群体中显著，这表明住房公积金能够进一步为高收入职工提供金融支持进而尽早地突破收入约束并发生购房行为。重要的是，随着房价的不断上涨，居民购房的时间能够影响居民的财富分配：一方面，上涨的房价对已购房居民而言意味着家庭财富的增加；另一方面，房价上涨后未购房职工的支付能力将进一步弱化。虽然后期购房的缴存职工也能获得住房公积金的金融支持，但他们不仅损失了个人缴存资金的机会成本，还需要损失房价上涨带来的财富效应。

表 6.5　　　　　　　户主初次购房年龄的 OLS 回归结果

变量名	（1）	（2）	（3）	（4）	（5）	（6）
	全样本	低收入	中低收入	中等收入	中高收入	高收入
HPF_before	− 0.691 *	− 0.146	− 0.768	− 1.083	− 0.563	− 1.962 ***
	(0.368)	(1.819)	(0.876)	(0.812)	(0.756)	(0.686)
控制变量	是	是	是	是	是	是
Constant	29.09 ***	140.3	14.00	37.66	9.94	41.77 ***
	(2.733)	(51.04)	(21.13)	(24.64)	(21.90)	(6.56)
Observations	3,952	217	601	782	1,011	1,341
R − squared	0.184	0.340	0.179	0.216	0.196	0.231

注：（1）括号中的数为标准误；（2）*** $p < 0.01$，** $p < 0.05$，* $p < 0.1$；（3）本表详细回归结果见附表 3。

6.2.4　稳健性检验

（1）模型设定

为进一步验证上述分组回归的稳健性，本章将住房公积金缴存与家庭收入的交互项模型替换收入分组模型进行稳健性检验。对于上述三种住房消费行为，稳健性的回归模型可分别表示为式（6.4）~ 式（6.6）。

$$\ln\left(\frac{p(housing\ purchase)}{1 - p(housing\ purchase)}\right) = a_0 + b_0 HPF_{before} + c_0 HPF_{before} \times$$
$$income + d_0 X_i + p_i + e_i \qquad (6.4)$$

$$\ln\left(\frac{p(housing\ investment)}{1 - p(housing\ investment)}\right) = a_1 + b_1 HPF_{after} + c_1 HPF_{after} \times$$
$$income + d_1 X_i + p_i + e_i \qquad (6.5)$$

$$age = a_2 + b_2 HPF_{before} + c_2 HPF_{before} \times income + d_2 X_i + p_i + e_i \qquad (6.6)$$

（2）实证结果

在全样本模型中加入住房公积金缴存与家庭收入的交互项模型的回归结果如表6.6所示。在列（1）和列（2）中，交互项系数显著为正，表明随着收入的增加，住房公积金对家庭住房购买行为和住房投资行为的促进作用加强，这符合分组回归的结论。在列（3）中，交互项系数显著为负，意味着随着收入的增加，住房公积金会进一步促进职工实现尽早购房，这与分组回归的结果也保持一致。稳健性检验结果进一步证实了住房公积金支持住房消费具有群体异质性，并且表现为对高收入的效应更显著。

表 6.6　　　　　　　　　　稳健性检验结果

变量名	（1）	（2）	（3）
	住房购买	住房投资	购房年龄
HPF	0.462 *** (0.0663)	0.308 ** (0.140)	− 3.211 *** (0.390)
Income	0.312 *** (0.0281)	0.639 *** (0.0580)	− 0.077 (0.182)
HPF × Income	0.261 *** (0.0566)	0.174 * (0.0969)	− 0.559 * (0.333)
控制变量	是	是	是
Constant	− 7.669 *** (0.621)	− 15.26 *** (1.325)	24.33 *** (1.278)
样本量	9,088	9,088	3,952

注：（1）括号中的数为标准误；（2）*** p < 0.01， ** p < 0.05， * p < 0.1。

综合上述分析可见，从住房公积金支持住房消费行为的角度来看，其政策效应存在明显的结果不公平。具体而言，住房公积金对低收入缴存职工住房购买的支持效应并不显著，这种住房购买往往表现为低收入职工的居住需求；相反，住房公积金显著促进了高收入职工的住房投资和购房年轻化，在房价上涨的背景下，这种政策效应会帮助高收入缴存职工实现财富增值。

6.3　住房公积金提高住房支付能力的结果公平性

第4章从宏观层面测度了住房公积金的政策有效性及城市差异。进一步地，本章从微观个体层面分析住房公积金对不同收入的个体在购房时金融支持力度的差异。基于第4章的指标设定，本部分选择月供收入比（*RTI*）作为衡量支付能力的指数，并基于家庭购房时的贷款模式计算出每个家庭的 *RTI* 值。由于贷款环节是住房公积金支持住房消费的重要内容，本部分将目标人群设定为通过贷款购房的职工家庭，经过数据筛选后得出有效样本量为 1,573 个。

6.3.1　支付能力的分组回归

（1）模型设定

本节的目标是检验使用住房公积金贷款和使用商业贷款职工的月供收入比是否存在显著差异。月供收入比可以看成是一个连续变量，本章选择 OLS 模型进行检验，相关模型可表示为式（6.7）。其中，*Loan_HPF* 为职工是否使用住房公积金贷款。

$$RTI = a + bLoan\_HPF + cX_i + p_i + e \tag{6.7}$$

（2）实证结果

全样本和分组样本的回归结果如表 6.7 所示。从全样本来看，如列（1）所示，住房公积金贷款与月供收入比呈负相关关系并在 1% 水平上显著，使用住房公积金贷款职工具的月供收入比显著低于非住房公积金贷款职工，具有较强的住房支付能力。列（2）显示，在低收入组中住房公积金贷款的系数为 −0.096，但是在统计意义上不显著。而该系数在其他分组中均为显著的负相关，如列（3）~ 列（6）所示。

上述结果表明，住房公积金对提高职工住房支付能力发挥了积极作用，但从其政策效应在缴存职工中的个体差异而言，低收入缴存职工相比较于高收入职工获得支持的力度有限。

表6.7　　　　　　　　　　　月供收入比的 OLS 回归结果

变量名	(1)	(2)	(3)	(4)	(5)	(6)
	全样本	低收入	中低收入	中等收入	中高收入	高收入
Loan_HPF	-0.143 *** (0.016)	-0.096 (0.108)	-0.358 *** (0.079)	-0.174 *** (0.042)	-0.139 *** (0.025)	-0.098 *** (0.015)
控制变量	是	是	是	是	是	是
Constant	2.814 *** (0.192)	0.364 (0.893)	1.776 (1.996)	-0.948 (1.257)	-0.236 (0.865)	0.935 *** (0.224)
观察值	1,573	125	166	295	395	592
R-squared	0.568	0.612	0.379	0.287	0.281	0.221

注：(1) 括号中的数为标准误；(2) *** $p < 0.01$，** $p < 0.05$，* $p < 0.1$。

此外，列（3）~列（6）中 Loan_HPF 的系数绝对值随着收入的增加从 0.358 降为 0.098，这表明在住房公积金制度中明显受益的群体中，住房公积金对收入较低职工家庭支付能力的提升程度更高。对于支付能力较弱（月供收入比较高）的职工家庭而言，轻微的金融支持就能对月供收入比带来较大的改变，说明住房压力大的家庭对住房支持的响应更为敏感。这与第5章的研究结论不谋而合。也就是说，如果职工能够通过住房公积金获得购房支持，则住房公积金的制度设计对提高低收入职工家庭的住房支付能力效果更为明显。然而，由于低收入家庭较低的支付能力和较弱的贷款可得性，住房公积金制度对此类群体购房的支持效应并不显著。

6.3.2　稳健性检验

（1）稳健性检验思路

上文中使用最小二乘回归（OLS）可能会存在个体选择偏误。首先，职工是否缴存住房公积金受单位缴存的影响。如果职工所在单位按规定参与住房公积金，职工一般也会缴存。然而，目前住房公积金的参与率不高，上文结果显示住房公积金主要参与企业为国有部门单位。其次，职工对就业单位的选择往往综合家庭、个人兴趣、职业特长以及单位福利等诸多因素（Buttimer et al.，2004）。例如，对住房需求强烈的职工在就业时可能更倾向于选择为职工缴存住房公积金的企业。最后，缴存职工在购房时是否申请使用贷款也与家庭收入有关，因此也可能存在个人选择问题。

为了解决上述可能存在的选择性偏误，本章选择倾向得分区配法

（PSM）对上文结论进行稳健性检验。具体思路为，选择一个使用住房公积金贷款的职工 J，在未使用住房公积金贷款的职工群体中找到个体 I，使两者除了是否使用住房公积金贷款这一个变量有区别之外其余的可观测变量尽可能地相似，基于条件独立假设，个体 I 和个体 J 具有可比性，两者之间月供收入比的差值能够更为准确的描述住房公积金贷款产生的影响。在稳健性检验中，处理变量为职工是否使用住房公积金贷款，结果变量为职工家庭的月供收入比。

（2）稳健性检验结果

为了最小化方差，本章采用 1∶4 近邻匹配法在未使用住房公积金贷款的样本中为使用住房公积金贷款的样本进行匹配。匹配前后各协变量的标准差的变化如表 6.8 所示。匹配之后，各协变量的标准差的偏误均在 10% 以内，匹配效果良好。

表 6.8　　　　　　　　　　协变量平衡性检验和平均处理效应

匹配方法	样本	Ps R2	LR chi2	p > chi2	B	R	% Var	ATT	S. E	t
匹配前	匹配前	0. 102	117. 15	0	79. 3 *	0. 47 *	33	− 0. 247 ***	0. 021	− 11. 7
近邻匹配	匹配后	0. 001	1. 34	1. 000	7. 6	0. 82	0. 82	− 0. 130 ***	0. 020	− 6. 43
核匹配	匹配后	0. 001	0. 86	1. 000	6. 1	1. 05	0	− 0. 142 ***	0. 020	− 7. 12
半径匹配	匹配后	0. 001	1. 07	1. 000	6. 8	0. 95	0	− 0. 137 ***	0. 020	− 6. 73
马氏匹配	匹配后	0. 004	4. 99	0. 932	14. 7	1. 21	14	− 0. 146 ***	0. 026	− 5. 65

此外，本章还选择了核匹配法、半径匹配法、马氏匹配法作为 1∶4 近邻匹配法的参照。最终，通过 1∶4 近邻匹配法、核匹配法和马氏匹配法进行匹配后保留了 1,551 个样本（其中 1,091 个对照样本和 460 个处理样本）；通过半径匹配法进行匹配后保留了 1,530 个样本（其中 1,071 个对照样本和 459 个处理样本）。各协变量在采用不同匹配方法情况下匹配前后的平衡性检验以及平均处理效应（average treatment effect on the treated, ATT）的估计结果如表 6.8 所示。

对于匹配之前的样本，各协变量的平衡性较弱。通过倾向得分区配法（PSM）进行匹配之后，各协变量的平衡性得到了很大的提高，其中 B < 25，0.25 < R < 2。此外，四种匹配方法得出的结果具有较高的一致性，说明住房公积金对住房支付能力的影响效应能够被准确地估计。

表 6.8 中还汇报了住房公积金对住房支付能力的平均处理效应 ATT。可以看出，在通过 PSM 尽可能地消除选择性偏误之后，住房公积金贷款与支付能力指数依然具有因果关系。对于匹配之后的样本而言，使用住房公积金贷款的职工 RTI 值相比较于非住房公积金贷款职工家庭的 RT 值低 0.13 ~ 0.146，并且在 1% 的水平上显著。此外，四种匹配方法的处理效应 ATT 值基本保持一致，说明住房公积金贷款对于减轻职工购房压力具有稳定的效应。

进一步地，表 6.9 展示了不同收入分组情况下通过 1 ∶ 4 近邻匹配法匹配后的住房公积金贷款对住房支付能力指数的平均处理效应。首先，对低收入组而言，如列（1）所示，ATT 值为 − 0.195 但是不显著，这与使用最小二乘回归（OLS）分组回归的结果一致。其次，对中低收入及其他分组而言，如列（2）~ 列（5）所示，ATT 值均为负值并均在 1% 的水平上显著。

表 6.9 不同收入群体的平均处理效应

项目	（1）	（2）	（3）	（4）	（5）
	低收入	中低收入	中等收入	中高收入	高收入
ATT	− 0.195	− 0.281 ***	− 0.127 ***	− 0.174 ***	− 0.091 ***
T value	− 1.15	− 3.36	− 2.99	− 6.13	− 5.18
Observations	125	166	295	395	592

上述结果表明，通过从倾向得分匹配法（PSM）构建住房公积金贷款职工的反事实样本后，稳健性检验中分组回归的结果与最小二乘回归（OLS）仍然保持一致，说明从住房公积金制度实施的过程来看，低收入群体受住房公积金的支持力度有限。

此外，微观层面支付能力的回归结果也呼应了第 4 章宏观层面关于住房公积金政策有效性的测度结果，再次验证了住房公积金的有效性。

然而，以上实证结果表明，不管是住房公积金支持住房消费的行为还是提高住房支付能力，其政策实施的结果均存在显著的群体异质性和结果不公平。虽然从规则公平性的角度来看住房公积金的制度设计有利于缓解缴存职工在购房时的收入差距，但从政策实施的结果公平性来看，制度设计和现实情况存在差异。这种结果的不公平会对住房公积金的社会价值和制度可持续性带来挑战。

6.4　规则公平性与现实差异性的进一步讨论

6.4.1　有限的制度参与率和制度强制性不匹配

1991 年住房公积金制度设立之初,上海市制定的《上海市公积金暂行办法》便明确住房公积金是一种义务性的长期储金,具有强制性的属性。20世纪 90 年代的中国正处于市场化改革的初期,国有经济依然是我国市场经济的主力,企业仍然以国有单位为主(Wang et al.,2016)。行政力量的推动使得住房公积金制度在当时取得了巨大的成功,几乎所有的城镇职工都参与了住房公积金制度(工人日报,2016)。随着我国经济社会的快速发展以及市场化进程的持续深入,尤其是随着 2001 年我国加入世界贸易组织之后,私有制企业成为我国市场经济的主力军。如图 6.1 所示,国家统计局数据显示 2010~2017 年我国私有制企业在所有企业法人单位数的占比由 92% 上升至 97%。私营企业规模的快速扩大吸引了大量的劳动力,如图 6.2 所示,2010~2018 年城镇就业人员持续增长,其中私营企业和个体就业人员占比明显增加,私营企业已然成为吸收城镇就业的主要载体。

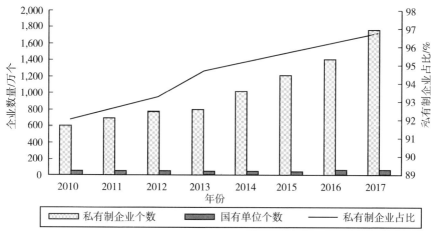

图 6.1　2010~2017 年全国企业数量和私有制企业占比

资料来源:国家统计局。

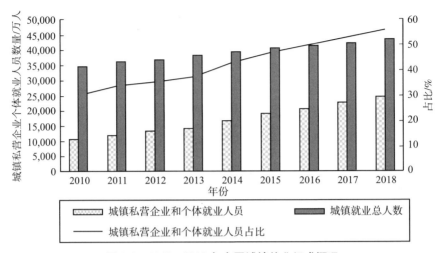

图 6.2　2010～2018 年全国城镇就业组成概况

资料来源：国家统计局。

　　然而，市场化进程的加速和住房公积金缴存的现状与其强制性缴存的规定仍有较大差距。如图 6.3 所示，住房公积金缴存职工数量远低于城镇

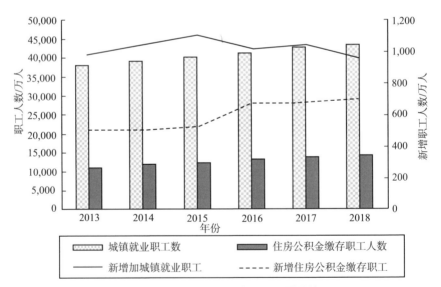

图 6.3　2013～2018 年住房公积金覆盖情况

资料来源：国家统计局。

就业职工数，2013～2018 年住房公积金平均缴存比例约为 40% 左右。此外，新增住房公积金缴存职工数量低于新增城镇职工数量，意味着虽然住房公积金具有强制性，但是每年仍有大量的新就业职工未缴存住房公积金。

由此可见，有限的职工参与弱化了住房公积金的强制性规定。具体分析而言，首先，从管理制度来看，现行的《住房公积金管理条例》缺少足够的法律约束力。与其他公共政策相比，国内参与率较高的社会保险基于《社会保险法》具有 96.5% 的参与率。国外公共政策例如新加坡的中央公积金基于 1955 年颁布的《中央公积金法案》具有 97.5% 的职工缴存率。然而，作为世界上资金量最大运行系统最复杂的住房公积金制度来说，其最权威的指导文件《公积金管理条例》属于行政法规，法律效力低于一般的法律。虽然《公积金管理条例》规定对不遵守规定的企业进行处罚，但实际上这种处罚并没有严格执行，尤其是地方政府在经济发展和招商引资的权衡下对企业不缴存住房公积金而开出罚单的意愿不强（Deng et al.，2009）。2017 年，《国务院办公厅关于印发国务院 2017 年立法工作计划的通知》中明确将《住房公积金管理条例》的立法工作作为急需完成的立法工作计划，但是从现实情况来看此项立法工作仍然进度缓慢。其次，从参与主体来看，上文的实证结果表明，在行政力量的约束下国有单位住房公积金缴存率更高，主要表现在以下三个方面：第一，国有单位住房公积金缴存部分从财政预算中列支，而私营单位住房公积金缴存部分为成本支出，即便是私营企业的快速增加，在成本压力下私营企业为职工缴存住房公积金的积极性依然不高；第二，《住房公积金管理条例》规定，存在资金困难的企业可以降低缴存比例或缓缴公积金，这实际上为企业规避住房公积金缴存提供了可能的渠道；第三，政策文件的指向性不够明确，例如，2005 年《关于住房公积金管理若干具体问题的指导意见》中规定，"有条件的地方，城镇单位聘用进城务工人员，单位和职工可缴存住房公积金"。这种政策规定似乎与住房公积金的强制性规定不相吻合：一方面，私营企业作为农民工的主要就业单位，这种规定试图通过为农民工缴存住房公积金扩大覆盖面；另一方面，政策文件中关于"有条件的地方"的表述较为模糊，虽然给予了地方政府更多的自主决策权，却不符合其强制性的要求。

6.4.2　贷款机会的均等性和制度同质性有差异

住房公积金制度是一个相对封闭运行的系统。如上文所述，单位和职工的缴存资金形成了资金池并在职工需要购房的时候提供融资支持，由此形成缴存职工之间的互助特征。上文研究结果也发现，住房公积金制度在提高职工住房支付能力、支持职工住房消费方面发挥了重要作用。然而，受缴存职工收入约束差异的影响，其政策效应存在明显的群体差异。

第一，住房公积金制度规则公平性的一个前提是缴存职工使用住房公积金的机会均等。受收入约束的影响，住房公积金支持住房消费的结果公平性具体表现为低收入职工通过住房公积金实现住房购买的效应不显著，相反，住房公积金进一步促进了高收入职工家庭的住房投资和购房年轻化。在房价不断上涨的背景下，低收入职工的住房支付能力必然降低，因此通过住房公积金贷款购房的可能性进而下降。而已购买住房的高收入职工不仅享受了住房公积金的制度福利，其已购住房也获得了资产价格的升值。

第二，住房公积金的贷款收益是基于强制缴存下的"低存低贷"实现的。"低存"意味着职工个人账户余额的存款利息较低，住房公积金缴存职工个人账户中的资金目前执行的存款利率为1.5%，低于市场上商业化的长期理财金融的收益率①。由此可见，"低存"时职工缴存的资金需要承受机会成本的损失。"低贷"意味着职工申请住房公积金贷款时的贷款利率较低。从目前住房公积金贷款利率来看，商业银行五年以上贷款利率为4.9%，而住房公积金五年以上贷款利率为3.25%。因此，"低贷"阶段缴存职工通过住房公积金制度获得等效收益。

住房公积金缴存职工在缴存周期内损失与收益的关系如图6.4所示。按照现行住房公积金贷款的规定，缴存职工须满足规定的"低存"时间 t_L

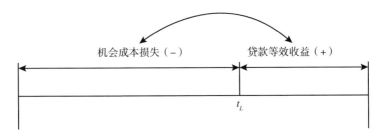

机会成本损失（−）　　　贷款等效收益（+）

t_L

图6.4　住房公积金缴存职工在缴存周期内损失与收益的关系图

---

① 自2016年2月21日起，住房公积金存款利率调整为统一按一年期定期存款基准利率（1.5%）执行。

以后才有资格申请"低贷"购房。在实际情况中，考虑到职工筹集首付款的时间，职工实际发生购房贷款的时间往往大于规定时间 t_L。在 t_L 之前，职工的个人资金处于损失状态，只有在住房公积金贷款发生之后才产生等效收益。由此可见，缴存职工获得低息贷款的政策优惠建立在其损失资金机会成本的基础上，即前期的机会成本损失转化为贷款的等效收益。

第三，目前住房公积金的制度设计具有同质性。首先，现行的《住房公积金管理条例》规定城市在职职工均需要参与住房公积金，不论个人的收入水平。显然，政府希望利用强制性手段让所有职工享受住房公积金的政策福利。其次，住房公积金的贷款政策具有同质性。住房公积金的利率由中央银行制定，所有的借款人执行统一的利率，借款期限也统一设定为最长 30 年。同时，受强制缴存的约束，低收入群体需要定期缴存住房公积金，这意味着他们持续向住房公积金的资金池注入个人资金，而这部分资金通过互助机制转化为高收入职工购房的贷款来源。即便是低收入家庭通过长期的财富积累可以通过住房公积金贷款购房，他们也需要承担时间成本的损失。例如，中国人民银行规定贷款申请人在贷款结清时年龄不得超过 60 岁。这意味着职工贷款时间越晚其能通过住房公积金获得的互助收益越少。

因此，通过住房公积金支持住房消费的结果公平性可以看出，住房公积金的互助受益机制在现实情况下存在逆向补贴。虽然住房公积金在支持住房消费方面的规则设计具有公平性，但不同收入职工的贷款不均等性和制度的同质化设计，住房公积金很可能成为"富人俱乐部"。

6.4.3 制度的保障性需求与金融安全性不兼容

住房公积金是在居民收入和居住水平均较低的背景下成立的，是以促进住房建设、转变住房分配机制、解决住房问题并提高城镇职工的居住水平为目标的公共住房政策。从这个角度来看，以解决住房问题为目标的住房公积金制度应当具有住房保障的属性，强调对居民基本住房消费的保障（陈峰，2019；吴义东和陈杰，2020）。这也是住房公积金作为一项公共住房政策的本质需求（刘洪玉，2011）。另外，住房公积金以筹集住房消费资金为目的，通过低息贷款的方式提供住房支持，具有天然的住房金融功能，并且发展为世界上规模最大的政策性住房金融（Chen and Deng，2014）。

　　然而，从上文的研究发现来看，住房公积金政策效果的区域差异和群体差异使得其保障属性和金融属性存在一定的内在矛盾。首先，住房保障属性要求住房公积金制度主要面向存在住房困难的中低收入职工。而现实情况确实高收入职工的住房公积金缴存率更高，并且获得更多的等效收益。其次，金融属性更侧重于资金的安全。由于中低收入职工存在相对较高的资金风险，他们在使用住房公积金贷款时收到的限制更多。例如，低收入职工必须满足规定的月供收入比和首付款条件后才能获批住房公积金贷款。此时，住房公积金制度的金融属性无疑更偏好于高收入职工，个人信贷风险也让公积金管理机构更加谨慎，这也使得低收入缴存职工受住房公积金支持的效应并不显著。然而，住房公积金的强制性使得低收入群体参与了公积金，但金融属性却使他们难以平等获得公积金优惠的权利。由此可见，住房公积金制度住房保障和住房金融双重属性存在必然的目标人群的矛盾，这种矛盾决定了缴存职工无法获得均等的收益，从而进一步加剧了其制度设计合理性与现实情况的差距。

　　纵观国际上类似的公共住房政策，我国住房公积金制度目前的人群定位并不明确。在例如美国的发达经济体中，联邦政府针对特定的群体住房融资提供特殊的信用担保。例如，在美国的住房金融一级市场中，联邦住房管理局（federal housing administration，FHA）和退伍军人管理局（veteran administration，VA）针对特定的低收入人群和退伍军人进行贷款担保，可以使购房者的首付款比例降低至5%，解决了特定人群筹集首付款的困难。此外，政府针对中低收入群体推出的首付款资助计划，能够帮助中低收入家庭获得比商业银行贷款更长的贷款期限，提高了住房困难家庭贷款的可得性（Fetter，2010）。在住房金融二级市场中，房地美和房利美作为两大政府支持企业具有明确的群体目标。例如，联邦政府要求两房收购住房贷款的借款人家庭中至少有53%的家庭收入低于所在地区的平均收入，并且至少有23%的家庭为极低收入家庭（家庭收入低于地区平均值的60%）或低收入家庭（家庭收入低于地区平均值的80%）。同样作为发达经济体，韩国政策性住房金融的核心是国民住宅基金制度，其目标是解决住房供应不足、为中小型住宅的开发提供资金支持，为中低收入家庭购买和租赁中小型住房提供低息贷款。国民住宅基金通过国家住房债券，住房认购储蓄，住房彩票，公共财政贷款等方式进行融资。目前，国民住宅基金的贷款项目主要贷款对象是韩国收入最低的20%~40%群体。

　　发展中国家巴西和墨西哥实行与住房公积金制度类似的公共住房政策

并在解决中低收入住房问题上取得了一定的成功（Marais and Cloete，2017）。巴西实行的工龄保障基金（FGTS）也是政府干预下的强制性参与制度。联邦储蓄银行根据参与者的收入水平的差异设定差异化的贷款利率。2000～2016 年，巴西的工龄保障基金（FGTS）将 75% 的住房贷款资金发放给了最低薪 5 倍以下的家庭。墨西哥的全国劳动者住房公积金（INFONAVIT）与国家公职人员住房公积金（FOVISSSTE）同样是单位提供货币补贴，参与者可享受低息贷款的住房保障制度。与巴西类似，墨西哥的住房政策根据社会最低收入及个人收入水平来确定不同贷款人的具体贷款额度；并根据物价水平和通货膨胀指数，结合贷款人的实际收入水平执行差异化的贷款利率，因此，每个缴存者都有机会享受制度的优惠。

显然，目前住房公积金同质化的制度设计无法同时满足制度的保障性需求和金融安全性需求。受收入约束的影响，低收入缴存职工家庭存在住房压力较大、住房公积金贷款申请难度大等现实情况，其实际发生贷款的时间往往晚于高收入缴存职工，即低收入缴存职工可能存在持续受损失的情况。在房价上涨的背景下，低收入职工甚至可能在整缴存周期内都无法获得低息贷款的机会。

6.4.4　政策的内容－贯性与社会变革性不协调

从住房公积金制度成立之初至今的 30 年时间里，虽然与住房公积金制度的相关文件屡次发布，但是涉及支持职工住房消费的政策机制等核心内容在 30 年里保持了一贯性，对不同收入群体采用的同质性制度设计也正是住房公积金制度成立之初确定的。然而，随着我国经济社会的快速发展，30 年不变的住房公积金制度显得难以适应时代发展的需求，其现实情况也与其制度设计的方向逐渐发生了偏差。

第一，从职工参与来看，20 世纪 90 年代住房公积金缴存者主要是国有单位职工，住房公积金制度的行政推动很快覆盖了大量的职工并在短期内归集到大量的资金。然而，随着我国市场化的推进，私营企业成为我国经济发展的主力军，行政力量的不足、政策法律效力不够、执行力不强等短板使得住房公积金制度在面对大量私营企业时显得力不从心。

第二，从货币补贴来看，在职工全面参与住房公积金制度的时代，单位的货币补贴能够惠及几乎所有城镇职工，这也正体现了住房公积金制度实现住房福利分配向货币化补贴转换的可行性。在市场化改革初期，我国城镇职工的收入差距较小，住房公积金"人人均补"的制度安排在当时的时代背景下取得了成功。然而，目前不仅住房公积金缴存率低于制度成立之初，职工的收入差距也逐渐扩大。上文实证结果也表明，当前的住房公积金制度扩大了缴存职工和非缴存职工的收入差距。

第三，从住房消费水平来看，住房公积金制度成立之初我国城镇职工收入水平相近，加上政府公房出售等，房价整体上处于相对平稳的状态，职工的住房消费水平差距较小。住房公积金制度归集的资金在当时除了能补充住房建设供给的需要，其互助收益的政策设计也在一定程度上能够实现职工需求。然而，2003 年文件《国务院关于促进房地产市场持续健康发展的通知》下发之后，房地产业作为拉动我国经济发展支柱产业的地位被正式确认，此后我国房价经历了快速上涨的时代。国家统计局数据显示，2018 年我国住宅商品房平均销售价格为 9,287 元/平方米，相比较于2000 年上涨了 5 倍。收入差距的扩大加之房价的持续上涨，职工的住房消费水平表现出巨大的群体差异。在我国社会矛盾发生变化的新时代，同质化的住房支持政策显然不能满足当前经济社会发展的需要。

6.5　本章小结

基于分组回归的方法，本章从价值维度考察了住房公积金支持住房消费的结果公平性，并对住房公积金的规则公平性和现实差异性展开了进一步讨论。本章的研究结论如下。

首先，住房公积金有效地支持了缴存职工的住房消费。相比较于非缴存职工而言，住房公积金缴存职工更有可能实现住房购买、住房投资和购房年轻化。住房公积金表现出显著的正向政策效应，对微观个体而言，其金融支持对缴存职工支付能力的提升效应平均约为 14%。

其次，住房公积金的政策效应具有显著的个体差异，存在结果不公平。分组回归结果和稳健性检验结果均表明，住房公积金对低收入职工的支持效应有限。受贷款可得性影响，低收入职工难以从住房公积金制度中获益，但要承受机会成本损失。相反，住房公积金显著支持了高收入缴存职工的住房投资和购房年轻化。在房价上涨的背景下，住房公积金可能逆向加剧缴存职工内部收入的不公平。这也进一步验证了第 5 章的实证结果，低收入职工贷款可得性是其规则公平性的主要挑战。

　　最后，进一步分析表明，住房公积金的机会不公平使得有限的职工参与无法满足其强制性要求；在同质化的贷款政策下，收入约束使得低收入职工无法与高收入缴存职工享受同等的低息贷款机会，造成结果不公平；作为一项公共住房政策，住房公积金的保障性需求和金融安全性的目标群体存在差异；从住房公积金的发展历程来看，在我国经济社会快速发展的背景下，住房公积金制度30年不变的政策内容无法适应新时代的住房需求。

　　综上所述，发展符合新时代住房需求的住房公积金制度，应在明确其制度存在的必要性的基础上探索如何助力低收入缴存职工获得平等的政策支持。就本章结果公平性的研究结果来看，未来的制度改革应围绕"公平性提高"和"个体差异"着手，关注如何在微观层面提高重点人群政策公平性的问题。

第 7 章

住房公积金支持住房
消费的政策模拟

本章基于上文的研究结果进行政策模拟，主要从两个维度开展。首先，基于第 4 章的研究发现，从宏观城市层面以提高政策有效性为出发点，针对支付能力严重不足的重点城市，分析住房公积金的政策调整是否可以解决主要城市职工住房自有的问题，并进一步模拟了住房公积金支持租房消费可能的路径；其次，基于第 5 章和第 6 章的实证发现，从微观个体层面以提高公平性为出发点，模拟了提高机会公平性和结果公平性的可能途径。

7.1 宏观层面：提高有效性的政策模拟

7.1.1 提高主要城市职工住房自有

（1）模型设定

本节的政策模拟基于第 4 章的实证结果展开。第 4 章的研究结果表明，住房公积金的政策有效性存在城市差异，其中对原本支付能力较弱的城市而言发挥的实际效果最低且充分性不足，尤其是北京、上海、深圳、厦门等城市表现最为突出。因此，如何进一步发挥住房公积金的金融功能，提高住房公积金在此类城市政策效应的充分性，使得上述城市代表性职工家庭在购房时的支付能力进入正常区间无疑是解决大城市住房问题的重要内容。

　　基于第 4 章关于住房支付能力的指标选择，本节仍然采用月供收入比作为支付能力的衡量指标。因此，对于北京、上海、深圳、厦门四个城市，本节以 2018 年的相关数据为例进行模拟，考察是否能够通过政策的调整解决此类城市职工在住房自有方面支付能力不足的问题。根据上文指标的设定，通过将月供收入比小于 0.3 为支付能力正常进而考察政策效应的充分性。对于上述城市而言，住房公积金贷款限额无法满足其住房贷款需求，职工需要采取组合贷款的方式进行融资，因此相应的模型目标可表示为式（7.1）。

$$RTI = \left\{ \left[ceiling \times rhpf \times \frac{(1+rhpf)^{term}}{(1+rhpf)^{term}-1} \right] + \left[HP \times (1-down) - ceiling \right] \times \right.$$

$$\left. rbank \times \frac{(1+rbank)^{term}}{(1+rbank)^{term}-1} \right\} \Big/ (income + 2 \times deposit + 2 \times TI)$$

　　$RTI_i \leqslant 0.3$（i 表示北京，上海，深圳，厦门四个城市之一）　（7.1）

（2）可调整指标设计

①住房公积金贷款限额

　　4.3 节的实证结果表明，对支付能力不足的城市而言，住房公积金贷款额度相对于高昂的房价而言提供的贷款支持力度有限。在房价既定的情况下，提高住房公积金贷款额度是一种可能的路径。然而，目前我国住房公积金制度实施属地化管理，资金往往内部流动。住房公积金贷款限额的设定往往是基于资金的供求关系。一般而言，当住房贷款余额占年度缴存余额的比率（个人住房贷款率）高于 85% 时，则认为存在资金流动性不足的风险。根据各城市 2019 年住房公积金年报显示，北京、上海、深圳、厦门四个城市 2019 年的个人住房贷款率分别为 88.6%、94.26%、65.31%、92.1%。多数城市存在资金供不应求的局面，而深圳则存在明显的资金沉淀情况。如果按照个人住房贷款率不高于 85% 的情况设定，提高住房公积金贷款限额对于多数城市并不可行。

　　然而，区域一体化的发展战略为住房公积金改革带来了机遇，通过资金跨区域流动可以实现区域之间资金的互补，从而帮助资金流动性不足的城市解决供求不平衡的问题。例如，在长三角一体化和成渝经济圈的国家战略下，当前沪苏浙皖三省一市共同推动长三角住房公积金一体化，推出异地贷款信息互认政策；川渝两地构建了跨区域转移接续和互认互贷机制，允许职工在成渝地区之间转移住房公积金。此外，从国家的政策导向来看，2015 年，《住房和城乡建设部关于住房公积金异地个人住房贷款有关操作问题的通知》关于推进住房公积金异地贷款业务、支持缴存职工异地购房需求、保障缴存职工权益等方面提出了具体要求。由此可见，通过扩大区域之间资金流动可能是未来住房公积金制度改革的方向之一。因此本章将住房公积金贷款限额作为可优化指标进行模拟。

结合第 4 章的数据，本节将北京、上海、深圳、厦门四个城市相关指标的初步设定如表 7.1 所示。

表 7.1　　　　　　　　　可能的政策调整与指标设计

指标	指标符号	北京	上海	深圳	厦门	指标说明
房价/元·平方米$^{-1}$	hp	61,400	56,600	55,100	46,400	固定指标
购房面积/平方米	size	90	90	90	90	固定指标
首付比例/%	down	30	30	30	30	固定指标
贷款年限/年	term	30	30	30	30	固定指标
住房公积金贷款限额/万元	ceiling	120	120	90	120	可变指标
商业贷款月利率/%	rbank	0.41	0.41	0.41	0.41	固定指标
住房公积金贷款月利率/%	rHPF	0.27	0.27	0.27	0.27	可变指标
家庭月平均可支配收入/元	income	18,726	17,676	15,204	13,585	固定指标
住房公积金月缴存额/元	deposit	2,118	1,263	818	1,091	固定指标

②住房公积金贷款利率

利率是我国货币政策最重要的工具之一，能够通过金融约束改变住房供给和消费行为（杨刚等，2019；王先柱等，2011；高波和王先柱，2009）。为了应对通货膨胀以及资金收支平衡，住房公积金贷款利率是职工获取融资的成本体现。由于住房公积金属于资金内部的封闭运行，其贷款利率的设定往往基于平衡住房公积金业务收入与业务支出。目前，购买国债是我国住房公积金的主要收入来源之一，住房公积金资金增值渠道较窄。截至2019 年，全国住房公积金缴存余额 6.5 万亿元，但国债余额仅为 20.84 亿元。[①] 因此住房公积金增值收益率较低一直是饱受争议的话题，学术界也提出扩大住房公积金投资渠道的方式促进资金保值增值（陈峰，2020；蒋华福，2019；Deng et al.，2019）。

①　资料来源：住房和城乡建设部、财政部、中国人民银行联合发布的《全国住房公积金2019 年年度报告》。

通过提高资金的收益水平来降低住房公积金贷款利率是一种可能的思路。在保证资金收支平衡的前提下，若在未来的政策改革中放宽住房公积金资金保值增值的渠道，提高归集资金的收益水平，则有可能通过这部分收益反哺于职工的贷款融资成本。因此，本章将住房公积金贷款利率作为可调整的指标进行模拟，观察在满足支付能力政策情况下住房公积金贷款利率的调控区间。利率的调整一般而言是全国性的，因此四个城市的利率初始值相同，如表 7.1 所示。

（3）模型的模拟结果

①住房公积金贷款限额调整

住房公积金贷款限额增加对四个城市职工家庭住房支付能力的影响如图 7.1 所示。

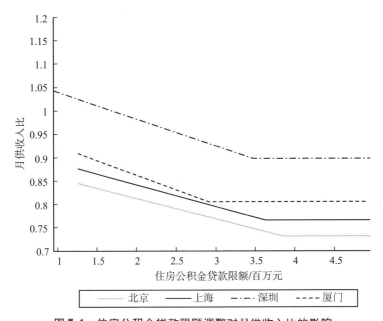

图7.1　住房公积金贷款限额调整对月供收入比的影响

从总体趋势来看，随着住房公积金贷款额度的增加，四个城市典型职工家庭的月供收入比逐渐下降，支付能力逐渐增强。当住房公积金贷款额度增加到一定程度时，月供收入比呈水平状态，不再下降。这是由于，当住房公积金贷款额度足以满足职工购房所需贷款后，家庭的月供收入比仅与实际贷款额度有关。

从具体调整的数值来看，当贷款限额调整到 150 万元时，北京、上海、深圳、厦门四个城市职工家庭的月供收入比分别降为 0.83、0.87、1.00、0.89。当四个城市住房公积金贷款限额分别增加到 300 万元时，四个城市职工家庭的月供收入比分别降为 0.77、0.79、0.94、0.80。当四个城市住房公积金贷款限额分别增加到 390 万元、360 万元、350 万元和 300 万元时，住房公积金对支付能力将不再发挥支持效应，此时月供收入比分别为 0.73、0.77、0.89、0.80。然而，即便如此，四个城市职工家庭仍然处于支付能力严重不足的状态，住房公积金政策效应的充分性依然不足。

从政策调整的敏感性来看，厦门市对贷款额度的敏感性更高，住房公积金贷款额度每增加 5 万元，职工家庭月供收入比约下降 0.003，降幅 0.28%。从四个城市平均来看，住房公积金贷款限额每增加 5 万元能够降低月供收入比约 0.0025，降低幅度 0.26%。也就是说，平均来看，四个城市支付能力每提高 1%，其贷款限额需要增加 19 万元。

由此可见，通过住房公积金贷款额度的调整无法达到模型设定的目标。

②住房公积金贷款利率调整

住房公积金贷款利率下降对四个城市职工家庭住房支付能力的影响如图 7.2 所示。

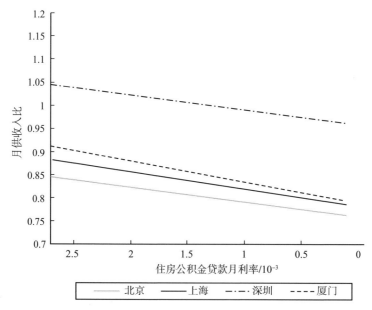

图 7.2　住房公积金贷款利率调整对月供收入比的影响

　　从总体趋势来看，随着住房公积金贷款利率的下降，四个城市典型职工家庭的月供收入比逐渐下降，支付能力逐渐增强。当住房公积金贷款利率下降 0 时，月供收入比将达到最小值，不再下降。这是由于，当职工不需要承担住房公积金的利息支出后，月供收入比仅与其购房所需贷款额度有关。

　　从具体调整的数值来看，当住房公积金贷款年利率下降到 0.2%（年利率 2.4%）时，北京、上海、深圳、厦门四个城市职工家庭的月供收入比分别降为 0.82、0.85、1.02、0.88。当住房公积金贷款年利率下降到 0.1%（年利率 1.2%）时，四个城市职工家庭的月供收入比分别降为 0.79、0.82、0.99、0.83。当利率下降为 0 时，住房公积金对支付能力将不再发挥支持效应，此时月供收入比分别为 0.76、0.79、0.96、0.80。即便如此，四个城市职工家庭同样仍然处于支付能力严重不足的状态。

　　从政策调整的敏感性来看，住房公积金贷款月利率每下调 0.001，四个城市月供收入比平均下降 0.03，降幅 0.181%。

　　由此可见，通过住房公积金贷款利率的调整同样无法达到模型设定的目标，住房公积金政策效应的充分性依然严重不足。

　　③贷款限额和贷款利率同时调整

　　在贷款限额和贷款利率同时调整情况下四个城市职工家庭月供收入比的变化情况如图 7.3 所示。具体调整策略为：住房公积金贷款额度按照 5 万元的幅度进行增加，同时住房公积金贷款利率按照 0.01% 的幅度降低。按照这种同步调整的策略，当北京、上海、厦门三个城市住房公积金贷款限额按照 5 万元的幅度增加到 250 万元时，住房公积金贷款利率同步降低为 0，此时下图四个城市的曲线出现第一个拐点。当住房公积金贷款限额足以满足购房所需贷款时，图中四个城市出现第二个拐点，即单独调整住房公积金限额的结果。

　　显然，住房公积金贷款限额和贷款利率的同时调整能够更有效地提高四个城市职工家庭的支付能力。从四个城市的平均值来看，贷款额度每增加 5 万元的同时贷款利率降低 0.01%，月供收入比能够降低 0.01，降低幅度 10%。然而，即使是利率降低为 0 的情况下继续增加住房公积金的贷款限额，四个城市职工家庭的月供收入比依然高达 0.48、0.49、0.58、0.52，支付能力依然不足。

　　由此可见，即使在同时调整住房公积金贷款限额和贷款利率的情况下依然无法达到模型设定的目标。

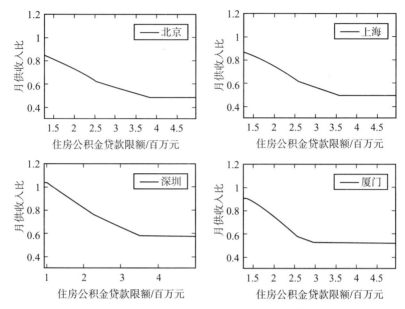

图7.3 贷款限额和贷款利率同时调整的模拟结果

值得注意的是，现实情况中往往难以达到本章模拟的政策调整：一是按照目前属地化管理的模式，住房公积金贷款限额增加意味着资金流动性风险增强，持续的贷款额度增加难以实现；二是在自然经济增长规律的背景下住房公积金贷款利率无法持续下调，更无法下降为 0。

宏观城市层面的政策模拟结果表明，虽然通过住房公积金政策的调整依然能够在一定程度缓解支付能力不足并提高其政策的实际效果，但是单纯地依靠住房公积金的支持效应无法完全解决北京、上海、深圳、厦门等大城市职工家庭住房支付能力不足的问题。

在加快建立多主体供给、多渠道保障、租购并举的住房制度的迫切需求下，如何结合不同城市的差异因城施策，提供住房公积金对职工的支持力度是其未来改革的着力点之一。虽然《住房公积金管理条例》规定了职工可以在租房时提取个人账户的公积金，但是目前从提取的总量来看，住房公积金对租房消费的支持力度十分有限。然而，我国大力发展的住房租赁市场为提高住房公积金政策效应提供了可能的方向。因此，如何通过优化制度设计强化住房公积金对租房消费的支持力度是下文模拟的方向。

7.1.2 提高主要城市职工租房消费

（1）模型设定

参考月供收入比的指标设计，此部分选择租房支付能力指数衡量职工家庭在租赁住房时的支付能力，具体指标选择租金收入比（rent to income ratio，RTTR），即家庭每月支付的租金与家庭收入的比值。

按照目前房屋租赁市场的通行规定，职工租房时须提前预付未来 n 期的租金，则职工租房当期需要支付的房屋总租金 $rent_{all}$ 可表示为式（7.2）。

$$rent_{all} = rent_{month} \times size \times n \qquad (7.2)$$

假设职工需要通过商业银行贷款的方式获得资金以支付未来 n 期的租金，商业贷款月利率为 $rbank$，则职工每月实际支付银行的还款金额 $rent_{bank}$ 可表示为式（7.3）。

$$rent_{bank} = rent_{all} \times rbank \times \frac{(1 + rbank)^n}{(1 + rbank)^n - 1} \qquad (7.3)$$

为了方便比较，假设住房公积金不允许提取支付房租时的租金收入比为式（7.4）。其中，$rent_{month}$ 为名义月租金，$size$ 为租房面积，$income$ 为家庭租房时的月可支配收入。

$$RTTI_{NO} = rent_{bank} \times size / income \qquad (7.4)$$

允许职工提取个人住房公积金支付房租，实际上是缓解了职工当期资金流动性不足的问题。由于强制储蓄的规定，资金被定向用于住房消费或退休时提取，等于是占用了职工的部分可支配收入。住房公积金可支付房租等于是提前将资金约束释放。

假设职工入职之后开始缴存住房公积金，住房公积金个人账户的初始余额为 0，职工连续缴存 m 期之后可提取个人住房公积金用于支付房租。此外，由于住房公积金的强制性缴存和"低存低贷"的互助特征，职工在提取住房公积金之前个人缴存部分的资金需要承受"低存"，即存款利率 $rdeposit$ 低于市场投资收益率 $rmarket$。

则其个人账户中资金的机会成本损失 $oppcost$ 可表示为式（7.5）。

$$oppcost = deposit \times (rmarket - rdeposit) \qquad (7.5)$$

在允许住房公积金支付房租的情况下，假设家庭每月可提取额是缴存额的 β 倍，$0 < \beta \leqslant 1$，则每月可实际用于支付租金的提取金额 $extract$ 可表示为式（7.6）。

$$extract = deposit \times \beta \tag{7.6}$$

同时，各城市还分别规定了可提取额的上限 rceiling，因此上式还需满足式（7.7）。

$$extract \leqslant rceiling \tag{7.7}$$

因此，按照当前的政策规定职工家庭的实际租金收入比 $rent_{HPF}$ 可表示为式（7.8）。

$$RTTI_{HPF} = rent_{bank}/(income + extract - oppcost) \tag{7.8}$$

（2）可调整指标设计

根据清华大学房地产研究所的监测数据，北京、上海、深圳、厦门四个城市的平均租金水平分别为每月80元/平方米、每月70元/平方米、每月70元/平方米和每月45元/平方米。租房面积设定为90平方米。职工须提前支持一年的租金，并在缴存住房公积金一年后可以提取上一年度个人账户资金，可提取比例的初始值设定为60%。按照四个城市当前的住房公积金提取规定，用于支付房租的提取资金最高额度分为别3,000元、3,000元、532元和2,000元。① 通过改变对资金的流动性约束解决当期租金支付能力是本章研究的对象，因此将可提取比例设定为可变指标。

如果住房公积金资金增值渠道放宽，意味着职工账户余额能够获得的存款收益增加，从而减少机会成本损失。因此本章将住房公积金存款利率设定为可变指标。初始存款利率设定为1.5%。参考市场上投资收益风险较低的理财方式，本章参照五年期国债票面利率将市场投资收益率设定为4.5%。相关指标赋值如表7.2所示。

表7.2 可能的政策调整与指标设计

指标	指标符号	北京	上海	深圳	厦门	指标说明
单位租金/元/平方米·月$^{-1}$	$rent_{month}$	80	70	70	45	固定指标
租房面积/平方米	$size$	90	90	90	90	固定指标
住房公积金连续缴存期数/月	m	12	12	12	12	固定指标
提前支付房租租期/月	n	12	12	12	12	固定指标

① 北京、上海、厦门三个城市对租房提取住房公积金的上限做出了直接说明。深圳市规定每月用于支付房租的住房公积金提取额度不超过月缴存额的65%，因此深圳的月提取限额为532元（计算方法为818×65%）。此外，深圳市经济发展水平较高，但住房公积金缴存额相较于北京等城市较低，可能的原因在于深圳市场经济发达程度较高，非国有企业缴存职工占比较大。相比较于国有企业职工占比较大的北京而言，深圳的住房公积金缴存比例较低。

指标	指标符号	北京	上海	深圳	厦门	指标说明
家庭月平均可支配收入/元	income	18,726	17,676	15,204	13,585	固定指标
家庭住房公积金月缴存额/元	deposit	2,118	1,263	818	1,091	固定指标
可提取比例/%	β	60	60	60	60	可变指标
月提取限额上限/元	rceiling	3,000	3,000	532	2,000	固定指标
商业贷款年利率/%	rbank	4.9	4.9	4.9	4.9	固定指标
住房公积金存款年利率/%	rdeposit	1.5	1.5	1.5	1.5	可变指标
五年期国债票面利率/%	rmarket	4.5	4.5	4.5	4.5	固定指标

（3）模型的模拟结果

①初始值的结果

当不允许提取住房公积金支付房租时各城市典型家庭的租金收入比如表7.3所示。

表7.3 参数初始值的模拟结果

指标	指标符号	北京	上海	深圳	厦门
住房公积金不允许支付租金时的租金收入比	$RTTI_{NO}$	0.39	0.37	0.43	0.31
住房公积金允许支付租金时的租金收入比	$RTTI_{HPF}$	0.37	0.35	0.41	0.29
住房公积金对租金收入比的支持效应	$RRTTI_{HPF}$	5.1%	5.4%	4.6%	6.5%

在假设住房公积金不允许提取支付房租的情况下，四个城市职工家庭的月供收入比分别为0.39、0.37、0.43、0.31。在现行的住房公积金政策规定下，运行提取住房公积金用于支付房租能够显著提高职工家庭当期的租金支付能力，当释放了职工月缴存资金的60%后，四个城市家庭的租金收入比平均降低0.02。住房公积金对四个城市租金收入比的支持效应分别达到5.1%、5.4%、4.6%、6.5%。由此可见，在当前关于提取住房公积金支付房租的政策规定下，通过对资金流动性的释放能够有效提高职工当期的租房消费水平。

②可提取比例调整

可提取住房公积金比例的调整对四个城市家庭租金收入比的影响如图7.4所示。在允许职工每月全额提取个人缴存资金后，四个城市职工家庭的租金收入比分别降低为 0.363、0.344、0.404、0.279。平均而言，可提取比例每增加 10%，四个城市职工家庭的租金收入比下降 0.03。在当前住房公积金提取政策下进一步将提取比例提高至 100%，四个城市职工家庭的租金收入比平均下降约 0.12%。就城市差异而言，可提取比例增加对北京的效果更敏感，原因在于北京的职工住房公积金缴存额较大，可提取比例相同的情况下北京市住房公积金能够帮助职工释放更多的可流动资金。

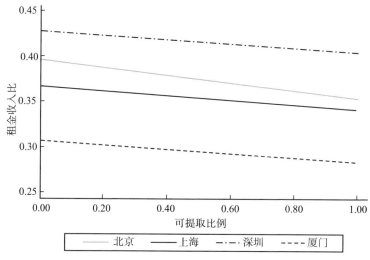

图 7.4　可提取比例调整对租金收入比的影响

③存款利率调整

在假设各城市职工均可全额提取个人缴存资金后，如图 7.5 所示，本章报告了通过降低缴存职工机会成本损失的途径增加存款利率之后租金收入比的变化情况。结果显示，通过进一步增加住房公积金存款利率的政策调整对租金支付能力的支持力度十分有限。当存款利率增加为 4.5% 时，四个城市的租金收入比分别降为 0.355、0.342、0.401、0.283。平均而言，存款利率每增加 1%，四个城市职工家庭的租金收入比下降 0.001。就城市差异而言，存款利率增加对北京的效果更敏感，原因在于北京的职工住房公积金缴存额较大，存款利率增加能够帮助职工减少机会成本损失。

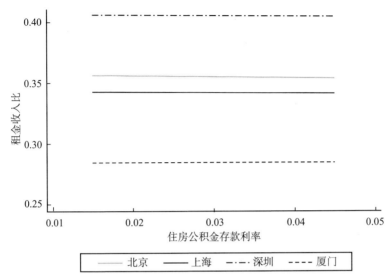

图 7.5　住房公积金存款利率调整对租金收入比的影响

　　然而，从政策调整的敏感性来看，存款利率的调整对租金支付水平的
支持效果不够明显，低于可提取比例的政策效果，即释放资金流动性比减
少资金机会成本损失的效果更明显。

　　④允许住房公积金用于支持租金贷

　　值得注意的是，上文通过可提取比例和存款利率调整的政策模拟对于
职工而言可以看成是一种止损的做法，允许职工提取住房公积金支付租金
仅仅是帮助职工突破收入流动性限制，提高当期的租房支付水平。与住房
公积金支持住房自有不同，住房公积金通过提取的方式支持租房消费并不
能帮助职工获得金融杠杆效应。

　　因此，如何发挥住房公积金的金融功能用于支持租房消费成为本章政
策模拟的方向之一。参考住房公积金支持住房自有的资源配置理论框架，
本章假设职工支付一年期的租金可以通过住房公积金提供低息贷款的方式
融资获得。

　　如图 7.6 所示，本章测算了通过住房公积金贷款获得一年期租金情
况下贷款利率与租金收入比的关系。当住房公积金月利率降低为 0.0027
（目前住房公积金支持住房自有的贷款利率）时，四个城市职工家庭
的租金收入比分别为 0.351、0.338、0.400、0.281。进一步地，当

住房公积金贷款月利率降低为 0（免息提供租金支持）时，四个城市职工家庭的租金收入比分别为 0.345、0.332、0.393、0.276。平均而言，住房公积金贷款月利率每降低 0.01%，四个城市职工家庭的租金收入比下降 0.002。

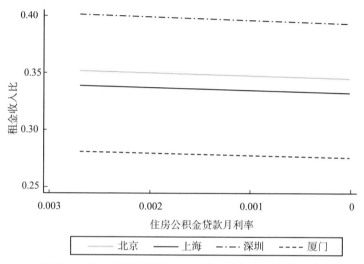

图 7.6　住房公积金贷款利率调整对租金收入比的影响

结果表明，住房公积金的金融功能对短期的租房融资需求带来的支持效应十分有限。

⑤支持长期租房融资

当前，在住有所居的背景下，大城市的长租房建设为本章的模拟提供了参考。《中共中央关于制定国民经济和社会发展第十四个五年规划和二〇三五年远景目标的建议》中强调要租购并举完善长租房建设。2017 年起，住建部会同发改委等九部门联合印发《关于在人口净流入的大中城市加快发展住房租赁市场的通知》，明确各地要搭建住房租赁交易平台，并选取了深圳、厦门等 12 个城市进行试点。为缓解职工的租房压力，长期租金贷模式成为职工进行房屋租金融资的渠道之一。例如，建行深圳分行推出贷款时间最长 10 年，单户最高额度 100 万元的个人住房租赁贷款产品"安居贷"，贷款覆盖整个长租期限。

在此背景下，住房公积金在支持长期租房融资中的政策效应值得进一步分析。如图 7.7 所示，本章测算了职工分别获得 2 年、5 年、8 年和 10 年租房融资需求下住房公积金贷款利率调整与租金收入比的关系。

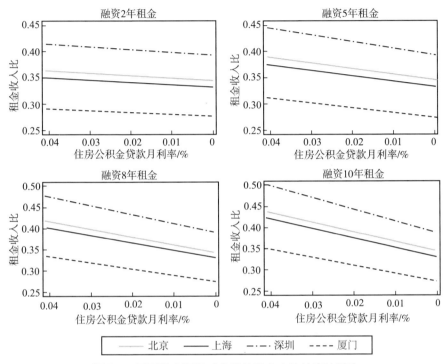

图 7.7 不同租房期限对住房公积金支持效应的影响

可以看出，随着租房期限和总融资额度的增加，住房公积金的金融功能对提高租金支付能力所发挥的效果越明显，即住房公积金的金融杠杆效应在长期内能够发挥较好的效果，租金支付能力对贷款利率的敏感性更高。具体而言，若职工能够通过住房公积金获得 10 年的租金融资需求，则住房公积金贷款月利率每下降 0.01%，租金收入比下降 0.23。

因此，在大城市完善和发展长租房的背景下，加大住房公积金提取对租房职工的支持力度，同时对租房融资采取定向支持的金融政策能够为因城施策解决居民住房问题提供可能的思路。

7.2 微观层面：提高公平性的政策模拟

本节的政策模拟基于第5章和第6章的实证结果展开。首先，第5章的研究结果表明，住房公积金加剧了缴存职工和非缴存职工收入分配的不公平，存在机会不公平。因此，本节首先模拟如何通过可能的政策调整提高机会公平性并优化住房公积金对全体城镇职工的资源配置；其次，第6章的研究结果表明，同质化的住房公积金制度设计导致不同收入职工获得贷款机会不均等，这为规则公平性带来挑战。因此，本节还模拟了如何通过差异化的政策调整帮助低收入家庭享有均等的住房公积金贷款机会以此提高政策效应的结果公平性。

7.2.1 提高职工参与的机会公平性

（1）模型设定

本节延续第5章的研究思路，在微观个体层面从资源配置的角度对机会公平性进行模拟。提高机会公平性的路径是让原本没有参与住房公积金制度的职工具有均等的机会参与资源配置的过程。相应政策模拟的主要目标为是否可以通过扩大住房公积金制度覆盖面的方式缩小缴存职工和非缴存职工之间的收入差距。因此，本节的目标模型可表示为式（7.9）。其中，$Gini_{HPF-NOHPF}$为缴存职工和非缴存职工之间收入差距的基尼系数。

$$f(x) = \min(Gini_{HPF-NOHPF}) \tag{7.9}$$

本节的研究数据来源于5.2.3节倾向得分匹配法（PSM）获取的样本（包括3,646个住房公积金缴存职工和5,135个虚拟样本）。

（2）可调整指标设计

关于是否应该扩大住房公积金覆盖面的问题学术界一直存在争议。例如，一些学者提倡发挥住房公积金的普惠性，提高对中低收入职工的住房支持（Xie and Chen，2018；李玉姣，2019）。王先柱和王敏（2018）基于全国34个城市问卷调研的数据研究认为，应该将农民工群体纳入住房公积金制度，帮助他们实现城市"安居梦"。然而，也有学者认为在公平性不足的情况下扩大住房公积金覆盖面会进一步削弱低收入职工的福利。邓等（Deng et al.，2019）认为在房价上涨的背景下扩大住房公积金覆盖面会进一步加剧缴存职工之间的不公平。

因此，本节对住房公积金覆盖面的指标调整做如下假设。

假设1：废除现行的住房公积金制度。如上文所述，如果取消住房公积金制度，目前住房公积金缴存职工不会从单位获得货币补贴，其个人缴存的住房公积金将会以工资的形式发放。

假设2：扩大住房公积金的覆盖面，将更多中低收入群体纳入住房公积金制度。基于目前匹配样本中住房公积金缴存比例（住房公积金覆盖率为41.5%），本章随机设定虚拟样本中的非缴存职工也参与住房公积金制度并将住房公积金缴存比例依次提高为60%、80%、100%。在该假设中，非缴存职工如果参与住房公积金制度，其获得的单位补贴与其匹配样本（缴存职工）相同。

在此基础上，本节考察住房公积金覆盖面调整的情况下货币补贴、低息贷款和考虑贷款可得性等情况下基尼系数的变化情况。

（3）模型的模拟结果

如表7.4所示，第（1）列汇报了假设1的测算结果，如果废除住房公积金制度，全体城镇职工的基尼系数为0.4813。就目前住房公积金制度的参与情况（住房公积金覆盖率为41.5%）而言，如列（2）所示，在货币补贴和低息贷款政策工具的作用下全体城镇职工的基尼系数分别为0.4839和0.4876，高于没有住房公积金时的数值。这与第5章的结论一致，即现行的住房公积金制度下缴存职工和非缴存职工之间存在资源配置不公平。

表7.4　　　　　　　　住房公积金覆盖面调整后基尼系数的变化

类别	(1) 住房公积金覆盖率（0）	(2) 住房公积金覆盖率（41.5%）	(3) 住房公积金覆盖率（60%）	(4) 住房公积金覆盖率（80%）	(5) 住房公积金覆盖率（100%）
没有住房公积金	0.4813	—	—	—	—
货币补贴	—	0.4839	0.4707	0.4611	0.4517
低息贷款	—	0.4876	0.4682	0.4538	0.4395
考虑贷款可得性	—	0.4881	0.4698	0.4644	0.4489

在住房公积金覆盖面扩大的情况下，货币补贴和低息贷款政策工具使得全体城镇职工基尼系数呈下降趋势，如列（3）~列（5）所示。当覆盖面扩大到60%时，在货币补贴的支持下基尼系数下降为0.4707；当缴存职工均可获得低息贷款时，基尼系数进一步下降为0.4682；当假设所有5,135个非缴存职工均参与了住房公积金制度时，如列（5）所示，基尼系数在货币补贴的情形下降低至0.4517，在低息贷款的情形下降低至0.4359，低于取消住房公积金制度时的基尼系数。由此可见，从资源配置的角度来看，扩大住房公积金制度覆盖面将更多中低收入职工纳入住房公积金制度有利于缓解资源配置的不公平。

然而，仍然需要注意的是，当考虑低收入职工贷款可得性不足的问题时，基尼系数逆向上升。例如，当住房公积金覆盖面扩大为100%时，考虑贷款可得性情况下的基尼系数为0.4489，高于所有职工均可获得低息贷款情况下的基尼系数0.4395。因此，解决中低收入贷款均等性问题是通过扩大住房公积金制度覆盖面优化制度设计的重要保障。

7.2.2　提高政策效应的结果公平性

（1）模型设定

提高结果公平性意味着低收入缴存职工也能获得均等的贷款机会并获得政策收益。本节从生命周期的角度考虑更符合职工购房实际的情景，假设职工从开始缴存住房公积金到退休之间的周期为 n 年，在综合考虑职工购房时间、资金时间价值、机会成本损失、低息贷款收益等情况下分析职工在住房公积金缴存周期内政策收益的差异。因此本章对主要指标做出如下模型设定。

①职工缴存周期内相关指标表征

a. 职工工资。在一个住房公积金缴存周期内，假设职工 j 在缴存住房公积金当年的年工资为 w_{j1}，随后每年工资的增长率为 α_i，则未来各年该职工的工资水平可表示为式（7.10）。

$$w_{jn} = \begin{cases} w_{j1} & n=1 \\ w_{j2} \times (1+\alpha_i) & n=2 \\ w_{j3} \times (1+\alpha_i)^2 & n=3 \\ w_{j4} \times (1+\alpha_i)^3 & n=4 \\ \cdots\cdots \\ w_{jn} \times (1+\alpha_i)^{t-1} & n=t \end{cases} \tag{7.10}$$

b. 住房公积金账户余额。假设对于职工 j 而言单位和个人住房公积金缴存比例分别为 β_{j1} 和 β_{j2}，按照现行的住房公积金政策，职工账户中的存款按照一年期定期存款基准利率 r_1 获得存款收益。则未来各年该职工住房公积金账户的余额 $balance$ 可表示为式（7.11）。

$$balance_{in} = \begin{cases} w_{j1} \times (\beta_{j1} + \beta_{j2}) & n = 1 \\ balance_{j1} \times (1 + r_1) + w_{j2} \times (\beta_{j1} + \beta_{j2}) & n = 2 \\ balance_{j2} \times (1 + r_1) + w_{ij} \times (\beta_{j1} + \beta_{j2}) & n = 3 \\ balance_{j3} \times (1 + r_1) + w_{j4} \times (\beta_{j1} + \beta_{j2}) & n = 4 \\ \cdots\cdots \\ balance_{jn} \times (1 + r_1) + w_{j(t-1)} \times (\beta_{j1} + \beta_{j2}) & n = t \end{cases} \quad (7.11)$$

c. 账户余额的机会成本损失。如上文所述，职工 j 个人账户中的住房公积金资金被暂时冻结，只有在购房的时候才能使用。本章假设职工个人账户中的资金也能够用于市场投资，投资收益率记为 r_2，以此来计算账户余额的机会成本损失。显然，由于住房公积金"低存低贷"的特征，$r_1 < r_2$。同样假设账户余额按年投资并获取收益，此时未来各年资金的账面价值 $market$ 可表示为式（7.12）。

$$market_{jn} = \begin{cases} w_{j1} \times (\beta_{j1} + \beta_{j2}) & n = 1 \\ balance_{j1} \times (1 + r_2) + w_{j2} \times (\beta_{j1} + \beta_{j2}) & n = 2 \\ balance_{j2} \times (1 + r_2) + w_{ij} \times (\beta_{j1} + \beta_{j2}) & n = 3 \\ balance_{j3} \times (1 + r_2) + w_{j4} \times (\beta_{j1} + \beta_{j2}) & n = 4 \\ \cdots\cdots \\ balance_{jn} \times (1 + r_2) + w_{j(t-1)} \times (\beta_{j1} + \beta_{j2}) & n = t \end{cases} \quad (7.12)$$

此时，假设职工在第 t 年购房，资金的时间价值收益率为 r_3，将职工个人账户中余额每年所产生的机会成本损失折算到购房时，可表示为式（7.13）。

$$oppcost_{jn} = \begin{cases} (market_{j1} - balance_{j1})(1 + r_3)^{t-1} & n = 1 \\ (market_{j2} - balance_{j2})(1 + r_3)^{t-2} & n = 2 \\ (market_{j3} - balance_{j3})(1 + r_3)^{t-3} & n = 3 \\ (market_{j4} - balance_{j4})(1 + r_3)^{t-4} & n = 4 \\ \cdots\cdots \\ (market_{jn} - balance_{jn})(1 + r_3)^{t-n} & n = t \end{cases} \quad (7.13)$$

因此，职工 j 每年机会成本损失折算到 t 年后的总额可表示为式（7.14）。

$$sum\_oppcost_{jt} = \sum_{n=1}^{t} oppcost_{jn} \qquad (7.14)$$

d. 低息贷款的等效收益。当职工通过住房公积金贷款购房后，职工能够获得低息贷款产生的等效收益。[①] 假设职工缴存住房公积金当年的房价为 hp，房价每年增长率为 γ；职工缴存住房公积金 t 年后开始贷款购房，购房面积用 s 表示，首付款比例为 $down$；第 t 年购房时住房公积金月贷款利率为 r_{HPF}^{t}，商业贷款月利率为 r_{bank}^{t}，其中 $r_{HPF}^{t} < r_{bank}^{t}$；职工能够申请到的住房公积金贷款额度为 HPF_loan_{jt}，贷款周期（月）用 $term_j$ 表示。

职工第 t 年购房时的房价 hp_t 可表示为式（7.15）。

$$hp_t = hp \times (1 + \gamma)^{t-1} \qquad (7.15)$$

按照月供收入比的计算方法，当职工 j 第 t 年购房使用商业贷款的月还款额 $repayment_{bank}^{jt}$ 可表示为式（7.16）。

$$repayment_{bank}^{jt} = hp_t \times s \times (1 - down) \times r_{bank}^{t} \times \frac{(1 + r_{bank}^{t})^{term_j}}{(1 + r_{bank}^{t})^{term_j} - 1} \qquad (7.16)$$

根据职工获得住房公积金贷款额度和购房总价的关系，当职工第 t 年购房使用住房公积金贷款的月还款额 $repayment_{HPF}^{jt}$ 可分别表示为式（7.17）和式（7.18）。

当 $hp_t \times s \times (1 - down) \leqslant HPF\_loan_{jt}$ 时，

$$repayment_{HPF}^{jt} = hp_t \times s \times (1 - down) \times r_{HPF}^{t} \times \frac{(1 + r_{HPF}^{t})^{term_j}}{(1 + r_{HPF}^{t})^{term_j} - 1} \qquad (7.17)$$

当 $hp_t \times s \times (1 - down) > HPF\_loan_{jt}$ 时，

$$repayment_{HPF}^{jt} = HPF\_loan_{jt} \times r_{HPF}^{t} \times \frac{(1 + r_{HPF}^{t})^{term_j}}{(1 + r_{HPF}^{t})^{term_j} - 1} + [hp_t \times s \times (1 - down) -$$

$$HPF\_loan_{jt}] \times r_{bank}^{t} \times \frac{(1 + r_{bank}^{t})^{term_j}}{(1 + r_{bank}^{t})^{term_j} - 1} \qquad (7.18)$$

因此，此时低息贷款的月等效收益 $\Delta welfare$ 可表示为式（7.19）。

$$\Delta welfare_{jt} = repayment_{bank}^{jt} - repayment_{HPF}^{jt} \qquad (7.19)$$

[①] 职工在使用住房公积金贷款后可以提取每月缴存的部分作为月供支出，因此若不计算，则会造成成本损失。

为了将等效收益与机会成本损失在时间单位上具有可比性，此处将月等效收益以年为单位进行表示，如式（7.20）所示。

$$welfare_{jt} = 12 \times \Delta welfare_{jt} \qquad (7.20)$$

将每年等效收益折算到购房时，如式（7.21）所示。

$$sum\_welfare_{jt} = welfare_{jt} \left\{ \left[(1+r_3)^{term_j} - 1 \right] / (1+r_3)^{term_j} \right\} \qquad (7.21)$$

②模型的目标函数

通过上文分析可知，缴存职工在使用住房公积金贷款购房时间 t 之前需要承受账户余额的机会成本损失 $sum\_oppcost_{jt}$，在使用住房公积金贷款购房后则转化为低息贷款的收益 $sum\_welfare_{jt}$。

职工在缴存周期内通过住房公积金获得的综合政策收益 $benefit_{jt}$ 可表示为式（7.22）。

$$benefit_{jt} = sum\_welfare_{jt} - sum\_oppcost_{jt} \qquad (7.22)$$

对应的目标函数设定为式（7.23）。

$$benefit_{jt} > 0 \qquad (7.23)$$

该目标的实际含义为，若 $benefit_{jt} \leq 0$，则说明即便是职工在第 t 年购房能够获得低息贷款的等效收益，但不足以弥补其前期的损失，即住房公积金对缴存职工并没有产生实际上的支持效应。尤其是对低收入缴存职工而言，通过提高其贷款可得性的方式提高其政策收益是本章政策模拟的主要目标。

③约束条件的设定

a. 住房公积金贷款购房时间。首先，通常情况下各城市住房公积金管理中心均规定职工需要满足一定的缴存期限 t_0 后才允许申请住房公积金贷款。此时

$$t \geq t_0 \qquad (7.24)$$

其次，职工购房时间需要满足家庭储蓄对住房首付款的要求。根据住房公积金提取政策，职工在购房后可以提取个人账户中的余额，等同于用个人住房公积金账户余额作为首付的一部分。本章假设职工购房首付款来自家庭储蓄和住房公积金账户余额。

假设职工家庭每年用于筹集住房首付款的储蓄资金占名义工资的比例为 ρ，则此后各年度家庭储蓄 $saving$ 可表示为式（7.25）。

$$saving_{jn} = \begin{cases} w_{j1} \times \rho & n = 1 \\ saving_{j1}(1 + r_2) + w_{j2} \times \rho & n = 2 \\ saving_{j2}(1 + r_2) + w_{j3} \times \rho & n = 3 \\ saving_{j3}(1 + r_2) + w_{j4} \times \rho & n = 4 \\ \cdots\cdots \\ saving_{j(n-1)}(1 + r_2) + w_{jn} \times \rho & n = t \end{cases} \quad (7.25)$$

此时购房时间 t 还要满足以下约束条件，如式（7.26）所示。

$$saving_{jt} + balance_{jt} \geqslant hp_t \times s \times down \quad (7.26)$$

b. 贷款额度。首先，根据多数城市住房公积金贷款的规定，职工能够获得的贷款额度与其账户余额相关。假设职工能够获得的贷款额度为账户余额的 m 倍，可表示为式（7.27）。

$$HPF\_loan_{jt} = m \times balance_t \quad (7.27)$$

其次，住房公积金贷款额度不得超过本地规定的住房公积金贷款最高限额 $ceiling$。则职工获得的住房公积金贷款额度同时需要满足式（7.28）。

$$HPF\_loan_{jt} \leqslant ceiling \quad (7.28)$$

c. 贷款期限。假设职工从 20 岁开始缴存住房公积金，到 60 岁退休停止缴存，缴存周期为 40 年，则职工在第 t 年贷款实际上所发生的贷款周期（月）$term$ 可表示为式（7.29）。

$$term_j/12 = 40 - t \quad (7.29)$$

同时中国人民银行规定职工贷款最高年限为 30 年，因此上式还需满足式（7.30）。

$$term_j/12 \leqslant 30 \quad (7.30)$$

d. 支付能力。如上文所述，处于信贷风险的考虑，职工的月供收入比是其能否获得贷款的重要因素。根据支付能力正常的区间设定，为保证职工能够获得住房公积金贷款，其月供收入比需满足以下约束①，如式（7.31）所示。

$$RTI_{jt} = repayment_{HPF}^{jt}/w_{jt} \leqslant 0.5 \quad (7.31)$$

---

① 虽然上文一直采用月供收入比小于 0.3 作为支付能力正常的标准，根据《商业银行房地产贷款风险管理指引》规定，月供收入比大于 0.5 则不允许获得贷款。此处政策模拟主要是基于住房公积金贷款可得性，因此选择月供收入比小于 0.5 作为约束条件。

（2）可调整指标设计

①指标赋值

按照第 5、6 章考察不同收入群体的做法，本章同样按照低收入、中低收入、中等收入、中高收入和高收入的方式设定五类样本以此作为政策模拟的参考。

a. 家庭经济特征的赋值设定。下文为了简便计算，职工收入和住房消费均以家庭为单位进行参数设定。根据中国家庭金融调查（CHFS）调研数据的家庭收入分组统计，最高收入组的家庭收入约为最低收入组的 12 倍，这与国家统计局公布的统计结果较为接近。本章将低收入职工家庭月收入初始值赋值为 3,000 元，高收入职工家庭月收入初始值赋值为 35,000 元。工资增长率设定为 6%[①]。

住房公积金缴存比例统一设定为 5%。单位提供的货币化补贴等于职工的个人缴存额。参考上一节的指标赋值，本模型中将住房公积金存款利率设定为 1.5% 并为可优化指标，投资收益率设定为 4.5%。

各分组指标的设定见表 7.5 所示。

表 7.5　　　　　　　　家庭经济特征的赋值设定

指标名称	指标符号	指标取值					指标说明
		低收入	中低收入	中等收入	中高收入	高收入	
家庭收入/元	$wage$	3,000	7,000	11,000	15,000	35,000	固定指标
收入增长率/%	α_i	5	5	5	5	5	固定指标
个人缴存比例/%	β_{j1}	5	5	5	5	5	固定指标
单位缴存比例/%	β_{j2}	5	5	5	5	5	固定指标
住房公积金存款年利率/%	r_1	1.50	1.50	1.50	1.50	1.50	可变指标
五年期国债票面利率/%	r_2	4.50	4.50	4.50	4.50	4.50	固定指标

b. 住房消费属性的赋值设定。为了满足生活需要，职工家庭均购买 90 平方米的住房[②]。住房单价的初始值设定为 6,000 元/平方米。目前，在"房住不炒"的宏观调控下，我国住房价格上涨趋势总体趋缓，本章将

[①]　由国家统计局发布的《中华人民共和国 2019 年国民经济和社会发展统计公报》显示，近 5 年来全国人均收入增长速度约为 6%。

[②]　高收入职工家庭可以根据自身需求购买更大面积的住房，但这并不影响本文的结果。

房价增长率设定为5%。职工每月从家庭收入中用于住房储蓄的部分占家庭收入的40%。

职工家庭住房消费属性的指标赋值情况见表7.6。

表7.6 住房消费属性的赋值设定

指标名称	指标符号	指标取值					指标说明
		低收入	中低收入	中等收入	中高收入	高收入	
房价/元·平方米$^{-1}$	hp	6,000	6,000	6,000	6,000	6,000	固定指标
购房面积/平方米	s	90	90	90	90	90	固定指标
房价增长率/%	γ	10	10	10	10	10	固定指标
家庭每月的住房储蓄/%	ρ	40	40	40	40	40	固定指标

c. 住房贷款条件的赋值设定。目前住房公积金贷款采取同质化政策，即首付款比例、贷款期限、贷款利率等对所有申请职工均相同。本模型中将首付款比例设定为30%，贷款期限设定为360个月。商业贷款月利率为0.41%，住房公积金贷款月利率为0.27%。职工能够获得的贷款额度为账户余额的15倍，最高贷款额度设定为40万元。职工必须连续缴存住房公积金1年后才可申请住房公积金贷款。职工从20岁开始缴存住房公积金到60岁退休的缴存周期为40年。考虑资金时间价值时的年利率为4%。按照7.1节可变指标的分析，本章将住房公积金贷款利率、贷款限额作为可变指标。各指标的赋值情况见表7.7。

表7.7 住房贷款条件的赋值设定

指标名称	指标符号	指标取值					指标说明
		低收入	中低收入	中等收入	中高收入	高收入	
商贷贷款首付比例/%	θ	30	30	30	30	30	固定指标
住房公积金贷款首付比例/%	$down$	30	30	30	30	30	固定指标
商业贷款期限/月	$term$	360	360	360	360	360	固定指标
住房公积金贷款期限/月	$term$	360	360	360	360	360	固定指标
商业贷款月利率/%	r_{bank}	0.41	0.41	0.41	0.41	0.41	固定指标
住房公积金贷款月利率/%	r_{hpf}	0.27	0.27	0.27	0.27	0.27	可变指标

续表

指标名称	指标符号	指标取值					指标说明
		低收入	中低收入	中等收入	中高收入	高收入	
贷款额度与账户余额的倍数	m	15	15	15	15	15	可变指标
最高贷款额度/万元	$ceiling$	40	40	40	40	40	可变指标
资金时间价值的年利率/%	r_3	4	4	4	4	4	固定指标

②初始值的运行结果

在上述指标赋值情况下不同收入分组的职工在住房消费时能够获得的综合收益情况如图7.8所示。显然，对于高收入职工而言，他们的收入约

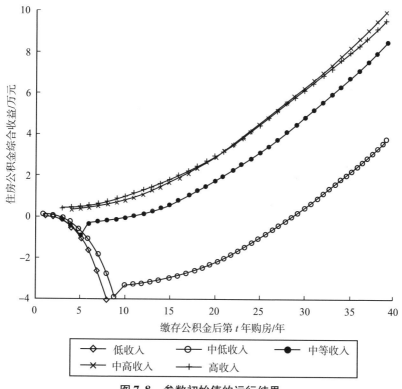

图7.8　参数初始值的运行结果

束更小，能够在缴存住房公积金 2 年后就可通过住房公积金贷款购房，第 3 年后就可实现综合收益为正值。中低收入缴存职工在缴存住房公积金 9 年后购房，随后综合收益开始增加，但需要到第 32 年其综合收益才大于 0。意味着在第 9 年到第 32 年的时间里，中低收入缴存职工通过住房公积金获得的福利效应不足以弥补其机会成本损失。值得注意的是，在当前的参数值下低收入缴存职工无法满足约束条件的设定，无法获得住房公积金贷款。因此低收入缴存职工通过住房公积金缴存职工获得的综合收益一直为负。这说明按照目前同质性的制度设计，住房公积金将无法实现互助属性，出现了"劫贫济富"的公平性陷阱。

此外，图 7.8 还显示，高收入和中高收入缴存职工通过住房公积金获得的综合收益基本相似，原因在于在较高的收入水平下两者均能获得住房公积金的最高贷款额度，在贷款额度、贷款利率、贷款期限等条件固定的情况下住房公积金表现出相同的政策效应。综合收益差异较大的群体表现在中等收入、中低收入和低收入群体。这意味着在同质化的制度设计下收入约束决定了缴存职工通过住房公积金获得的综合收益的大小。

（3）模型的模拟结果

根据模型目标的设定，在借鉴现有文献关于住房公积金由"普惠"向"特惠"的改革建议（陈峰和邓保同，2015；黄燕芬和李怡达；王先柱，2020），本章以提高中低收入住房消费水平为目标，尝试对不同收入缴存职工采取差异化的住房公积金政策，从而模拟异质性制度设计下不同收入缴存职工住房公积金综合收益的变化。结合上文的指标设计，相应模型的优化结果如下。

①差异化政策设计

a. 存款利率调整。住房公积金存款利率的增加意味着缴存职工机会成本损失的减少。上文参数赋值中以五年期国债票面利率 4.5% 为基准测算缴存职工的机会成本损失。因此本部分政策模拟将 4.5% 作为存款利率的上限。按照差异化的政策设计，本章将低收入、中低收入、中等收入、中高收入和高收入五类职工的住房公积金存款利率分别设定为 4.0%、3.5%、2.5%、2%、1.5%。对应的住房公积金综合收益如图 7.9 所示。

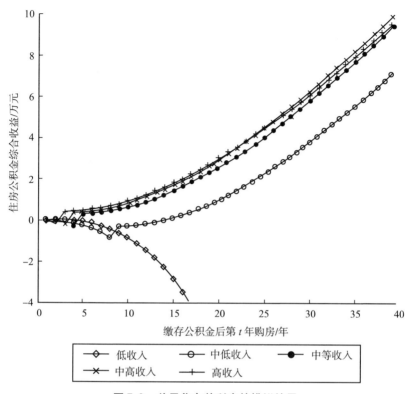

图 7.9 差异化存款利率的模拟结果

首先，与图 7.8 相比，住房公积金存款利率的差异化调整能够有效缩小不同收入缴存职工综合收益的差距，并将住房消费的时间提前。相比较于同质化的住房公积金政策设计，在对存款利率差异化提高之后，中等收入、中低收入缴存职工的住房消费时间分别提前了 1 年和 2 年。

其次，低收入缴存职工的住房消费问题依然没有得到有效解决。在将低收入缴存职工住房公积金存款利率提高到 4% 后，其机会成本的损失有所减小，但依然无法满足模型中的约束条件，无法获得住房公积金政策带来的支持效应。

由此而言，存款利率的差异化调整虽然产生了一定的积极效果，但是作用有限，难以从根本上解决低收入缴存职工贷款可得性不足的问题。

b. 贷款利率调整。住房公积金贷款利率的降低意味着缴存职工每月还贷额的减少，从而住房支付能力提高，能够提高缴存职工的贷款可得性。目前住房公积金贷款月利率为 0.27%（年利率为 3.25%），按照差异

化政策调整的思路，本章将低收入、中低收入、中等收入、中高收入和高
收入五类职工的住房公积金贷款月利率分别设定为 0.1%、0.15%、
0.2%、0.25%、0.27%。对应的住房公积金综合收益如图 7.10 所示。

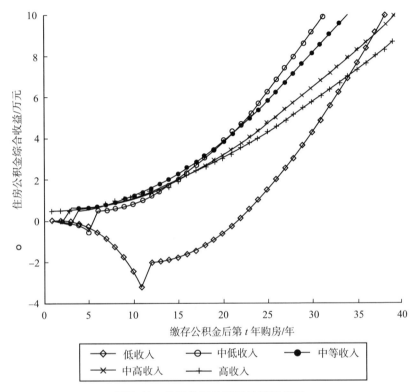

图 7.10　差异化贷款利率的模拟结果

　　首先，住房公积金贷款利率的差异化设计能够显著提高不同收入缴存
职工的综合收益。以中低收入职工为例，在低贷款利率的支持下，其综合
收益在缴存住房公积金第 15 年之后能够超过高收入职工。

　　其次，购房时间明显提前。相比较于同质化的住房公积金政策设计，
在贷款月利率降为 0.2% 的情况下，中等收入职工第 3 年就可以购房，提
前了 2 年；在贷款月利率降为 0.15% 的情况下，中低收入职工第 5 年就可
以购房，提前了 4 年。

　　最后，最为显著的是差异化的贷款利率能够增强低收入职工的贷款可
得性。在贷款月利率降为 0.1% 的情况下，低收入职工能够在第 11 年购

房，第 20 年时综合收益大于 0，在整个缴存周期内依然可以获得住房公积金带来的支持效应。

c. 贷款额度调整。住房公积金贷款额度的提高意味着缴存职工每月还贷额的减少，从而住房支付能力提高，能够提高缴存职工的贷款可得性。上文参数赋值中住房公积金贷款额度为账户余额的 15 倍，最高额度为 50 万元。按照差异化政策调整的思路，本章将低收入、中低收入、中等收入、中高收入和高收入五类职工的住房公积金贷款额度分别做如下假设：贷款额度与账户余额的倍数分别为 30 倍、20 倍、15 倍、12 倍、10 倍；最高贷款额度分别为 70 万元、60 万元、50 万元、45 万元、40 万元。对应的住房公积金综合收益如图 7.11 所示。

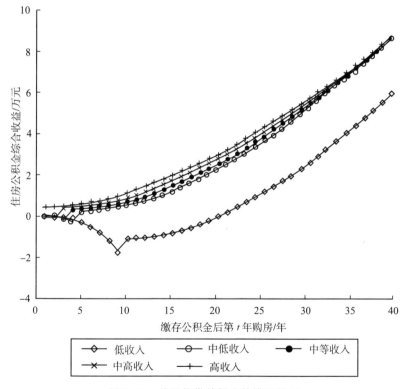

图 7.11 差异化贷款额度的模拟结果

首先，住房公积金贷款额度的差异化设计同样能够显著提高各收入缴存职工的综合收益，并且缩小了各类型收入职工的综合收益差异。如图

7.11 所示,高收入、中高收入、中等收入、中低收入在第 40 年时获得的综合收益相同。如上文所述,当所有缴存职工均能最大限度地获得低息贷款时,住房公积金将产生相同的支持效应。除此之外,各类型收入职工的购房时间同样能够显著提前。

其次,低收入职工的贷款可得性同样得到显著提高。在向低收入职工"特惠"式的贷款额度倾斜后,低收入职工在住房公积金缴存后第 9 年可购买住房,在第 20 年综合收益大于 0。

由此可见,相比较于存款利率的特惠,贷款利率和贷款额度向低收入倾斜能够增强其贷款的机会均等性,从而在一定程度上提高由于收入差异产生的住房公积金政策效应的结果公平性,进一步缩小资源在缴存职工内部的分配差距。

②满足模型目标的政策调整幅度

上文的模拟是在对存款利率、贷款利率和贷款额度等指标进行赋值的基础上进行的,验证了差异化政策的有效性。事实上,受收入约束的影响,低收入职工由于购房时间较晚可能存在购房后的月供收益无法弥补前期机会成本损失的情况。下面,本章以住房公积金综合收益大于 0 为目标,分析在保证低收入职工能够从住房公积金中获得收益的情况下各项政策工具需要调整的范围。上文分析结果表明,存款利率增加无法解决低收入职工的贷款可得性,下文的模拟主要考察贷款利率和贷款额度的调整范围。在考察贷款额度时,假设贷款额度不受缴存余额的限制。

a. 贷款利率。如图 7.12 所示,本章测算了假设低收入职工分别在住房公积金缴存后第 16 年至第 20 年实现综合收益为正的情况下住房公积金贷款利率的调整区间。

显然,为了满足低收入职工能够较早地获得购房并实现综合收益大于 0,贷款利率需要向低收入职工实现更多的定向优惠。从模拟结果来看,若实现低收入职工在第 16 年的综合收益为 0,住房公积金贷款月利率须下调至 0.05%(年利率为 0.6%);若实现低收入职工在第 20 年综合收益为 0,住房公积金贷款月利率须下调至 0.2%(年利率为 2.4%)。平均而言,为了使低收入职工在获得住房公积金政策福利的前提下,每提前一年获得福利效应,住房公积金贷款月利率需要在现行规定的基础上定向"特惠" 0.05%(年利率为 0.6%)。

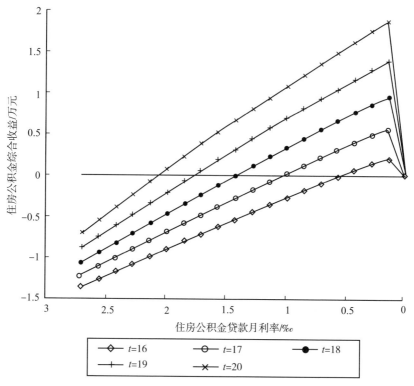

图 7.12　住房公积金贷款利率与综合收益关系图

　　b. 贷款额度。如图 7.13 所示，本章测算了假设低收入职工分别在住房公积金缴存后第 16 年至第 20 年实现综合收益为正的情况下住房公积金贷款额度的调整区间。

　　与贷款利率调整的结果相似，若满足低收入职工越早的获得住房公积金的福利效应，就需要对其实施的更大力度的定向"特惠"。从模拟结果来看，若实现低收入职工在第 20 年的综合收益为 0，住房公积金贷款额度须增加至 45 万元；若实现低收入职工在第 18 年的综合收益为 0，住房公积金贷款额度须增加至 55 万元。平均而言，为了使低收入职工在获得住房公积金政策福利的前提下，每提前一年获得福利效应，住房公积金贷款额度需要在现行规定的基础上向低收入职工定向"特惠"5万元。

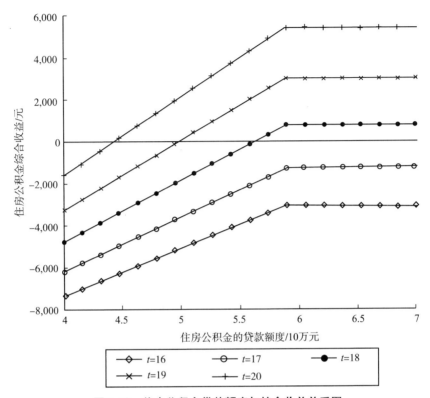

图 7.13　住房公积金贷款额度与综合收益关系图

　　值得注意的是，若要进一步将低收入职工获得福利效应的时间提前到第 16 年和第 17 年，住房公积金贷款限额具有一定的约束性，单纯依靠住房公积金贷款额度的特惠将无法满足，可能需要通过多元化的政策组合实施组合式"特惠"。

7.3　相关的政策建议

　　基于上述政策模拟结果，本章以提高住房公积金支持住房消费的政策效应为目标，针对住房公积金的制度改革提出以下建议。

7.3.1　客观看待住房公积金的政策效应

　　制度改革主体对公共政策的全面客观的认识是推动制度高质量改革的

根本保障。本章的研究结果表明，从支持住房消费的角度来看，住房公积金制度贡献与缺陷并存。首先，作为一项金融手段，住房公积金相比较于商业银行而言对职工的住房消费发挥了重要的金融支持效应。在我国当前的住房金融市场中，住房公积金制度产生的支持效应仍然是其他金融手段无法替代的。其次，从资源配置的角度来看，住房公积金制度设计本身具有一定的合理性。然而，我们也要客观地看到，住房公积金政策效应的城市差异和个体差异仍然显著存在，是住房公积金制度未来改革的重点所在。

一方面，政府部门应正确看待住房公积金的政策效应。住房公积金制度规则设计的公平性与结果公平性的差异是政府部门重点关注点内容，随着我国经济社会的快速发展，住房公积金的制度内容显然无法适应当前差异化人群的住房消费需求。政府部门应围绕"住有所居"的住房目标进一步优化住房公积金制度设计，将住房公积金作为构建房地产市场长效机制的重要组成部分，探索成立政策性住房金融机构，在充分发挥住房公积金金融效应的基础上进一步加大对重点城市和中低收入职工的住房消费支持力度。

另一方面，社会公众同样应理性看待住房公积金的政策效应。应当看到，通过市场对资源配置的结果必然会产生一定的个体差异，我国政府为克服这种市场缺陷进行了多方努力。例如，近年来住建部针对职工异地贷款、减轻企业负担、提高资金使用效率、维护职工贷款权益等方面出台了多项政策。同时，社会公众应对意识到，住房公积金制度的改革是一个循序渐进的过程，并非一蹴而就。违背我国经济社会和房地产市场发展水平而进行了激进的政策调整可能会产生更加严重的后果。公众应对给予政府部门一定的时间进行制度的研究和改革。当然，政府部门应该广泛加强宣传引导，增强社会公众对住房公积金的合理认知。

7.3.2　因城施策开展制度的顶层设计

因城施策是解决不同城市居民住房问题的宏观导向。本书研究结果也表明，住房公积金的政策效应存在城市差异，对房价较低城市的实际效果较好但对房价较高的大城市支持力度有限并且政策充分性不足。此外，政策模拟结果也表明单纯地依靠住房公积金制度无法解决北京、上海、深圳、厦门等大城市职工家庭的住房自有问题。在此背景下，针对不同城市类型因城施策开展制度的顶层设计尤为必要。

从制度设计的导向来看，首先，对于住房公积金政策充分性较高的城市，例如房价较低的三四线城市，应将住房公积金制度定位于提高以住房购买为主的住房消费水平，通过提高对中低收入职工的支持力度提高住房公积金的政策效应。其次，对于住房公积金政策充分性较低的城市，例如以北京、上海、深圳、厦门等为代表的高房价城市，应将住房公积金制度定位于提高以住房租赁为主的住房消费水平。一是降低提取住房公积金支付房租的门槛和提取金额，进一步通过释放资金流动性的方式解决租房职工当期的住房问题；二是探索住房公积金在租房消费中的融资功能，研究住房公积金对长租房融资的具体措施，进一步提高住房公积金政策性金融功能的广度。

从资金的流通方式来看，探索打破住房公积金属地化资金管理模式，增强资金的跨区域流动，由国家统一领导和监管，构建一体化信息共享平台，成立由中央统筹的政策性住房金融机构。当前，受属地化管理的影响，我国住房公积金资金使用效率地区差异显著。跨区域的资金流动不仅可以盘活部分城市的闲置资金，还可以有效解决大城市住房公积金资金不足的问题。通过全国一体化的信息共享平台的建立，由国家层面对住房公积金的资金使用实行统一调配、统一决策、统一核算，在保证资金充裕城市的资金使用需求的基础上，将部分资金用以提高大中城市住房公积金贷款额度并支持租房消费，着力形成住房公积金和商业银行相辅相成的城镇职工需求端住房金融支持渠道。

从多渠道保障的角度来看，在坚持"房住不炒"的基本原则下强化对大城市房地产市场的宏观调控，稳定大城市的住房价格，加大共有产权房、公租房等保障性住房供给。2020 年中央经济工作会议指出，要"解决好大城市住房突出问题"，并强调要"高度重视保障性租赁住房建设"：一方面，本章的研究结果表明，住房公积金对大城市职工支持效应有限的原因在于住房公积金贷款额度相比较于高昂的房价而言占比较小，稳定住房价格无疑是提高大城市职工住房消费水平的重要渠道，同时也是提高住房公积金支持效应的重要路径；另一方面，积极探索大城市职工购买共有产权房、政策性保障住房过程中住房公积金的支持方案。

7.3.3　探索基于收入差异的贷款政策

不同收入职工同等享受政策的支持效应不仅是住房公积金政策效应结

果公平性的体现，也是其可持续发展的关键。上文政策模拟的结果表明，针对不同收入缴存职工实行差异化的住房公积金贷款政策是提高住房公积金政策效应公平性、缩小住房公积金制度设计合理性与现实情况差异性的重要保障，同时也是提高中低收入缴存职工住房公积金政策综合收益的重要途径。

当前，我国住房公积金制度针对所有缴存职工实行同质化的贷款政策。受缴存职工收入差异的影响，当前的制度设计已无法满足不同收入职工同等享受住房公积金政策效应的需求。虽然国内有少数城市针对住房公积金制定了差别化的信贷政策，但差别化的主要对象集中于购买首套房和多套房时住房公积金贷款在首付款比例、贷款利率、贷款期限等方面。显然，解决中低收入群体的居住问题是更为现实和紧迫的任务，实行差异化的住房公积金信贷政策是一条值得深入探索的路径。

一方面，根据缴存职工收入水平设定差异化的贷款条件和门槛，可以探索对低收入缴存职工实行定向优惠的制度设计，从而促进不同类型收入职工均有同等机会获得住房公积金贷款。例如，在住房贷款利率方面，中央银行可以根据市场发展水平设定一个浮动的利率区间，在防范金融风险的同时根据职工的收入水平划分不同的利率等级，收入水平越低，利率就越低。另一方面，客观而言，中低收入职工存在收入不确定性、工作不确定性、个人信用差异大等个人贷款风险。差异化的贷款政策需要以减少个人住房贷款风险为基础。应尽快建立完善的个人信用评价体系，加强对住房公积金贷款风险的识别和提前预警，联合相关部门加强对抵押品的定期审查与管理。此外，可探索引入商业保险机构、实施资产证券化等方式防范中低收入职工可能存在的贷款风险。

7.3.4　扩大住房公积金的制度覆盖面

在增强中低收入职工贷款可得性的基础上，建议逐步扩大住房公积金制度的覆盖群体，让更多中低收入群体能够有机会享受住房公积金对住房消费的支持效应。具体而言，提高住房公积金的制度覆盖面可以从群体界定和扩面路径两方面入手。

从群体界定来看，上文的分析结果表明，中低收入职工住房公积金缴存程度较低。此外，随着我国经济社会的快速发展，经济多元化趋势日益增强，以农民工和灵活就业人员为主的群体必然成为我国城镇化进程的重要推动力。与体制内应建尽建、应缴尽缴的大好局面不同，住房公积金制度在农民工、灵活就业人员等群体的缴存程度依然不高。目前，《住房公积金管理条例》对此类人群的缴存并没有明确的规定。上文分析发现，在贷款可得性的基础上，通过扩大住房公积金覆盖面将更多中低收入职工纳入住房公积金制度能够增强住房公积金缴存职工和非缴存职工之间收入分配的公平性。同时，中低收入职工是住房困难的主要集中群体，解决中低收入群体的住房问题不仅是"住有所居"的根本需求，也是住房公积金制度改革的目标所在。因此，在未来的住房公积金制度改革中，应将扩面的重点人群瞄准存在住房困难的新市民、灵活就业人员等中低收入群体，不断提高住房公积金对住房困难职工的支持力度。

从扩面路径来看，扩大住房公积金覆盖面在一定程度上将增加企业负担，因此在考虑企业人力成本的同时应合理设计扩面方式和缴存方式。从短期来看，可探索"强制 + 自愿"相结合的缴存机制：一方面，强制性依然是资金池规模的保证，有利于持续发挥住房公积金的金融功能；另一方面，探索政策激励下的自愿缴存，构建新市民、自由职业者、个体工商户等群体自愿缴存的政策体系，上海、成都等地试点的自愿缴存模式可以提供一定的参考。从长期来看，在制度成熟并资金来源日趋稳定的情况下可探索逐渐打破强制性储蓄硬性约束，单位补贴部分可尝试与企业年金、绩效等结合的方式，逐步提升资金归集的弹性。

7.3.5　提高职工缴存周期内的福利水平

当前关于住房公积金制度争议的焦点之一是资金的收益水平较低，对于缴存职工而言需要承担机会成本损失，从而导致职工在整个缴存周期内福利受损。实际上，提高住房公积金的资金收益水平并反哺缴存职工是保障缴存职工合法权益、提高住房公积金对住房消费支持效应的重要体现。上文分析结果表明，减少资金的机会成本损失是提高住房公积金支持效应的重要路径。目前，我国住房公积金资金投资管理的主体为各城市住房公积金管理中心，具有分散投资的特点，且投资渠道较窄。当通货膨胀较高时，甚至可能出现利率倒挂、入不敷出的现象。

从缴存周期的角度来看，建议通过提高住房公积金存款利率等方式提高资金保值增值水平，增强住房公积金的福利效应，减少机会成本损失：一方面在职工进行住房消费之前，提高资金存款利率能够增加缴存职工自有资金的收益水平，进而提高职工在住房消费时的原始资金积累；另一方面，在职工住房消费之后，提高资金增值水平可以发挥其理财功能，在职工退休后可增强其对养老金的补充功能。具体的路径包括以下方面。

从住房公积金保值增值的主体来看，本章建议打破住房公积金属地化管理，成立由成立中中央统筹的政策性住房金融机构。首先，中央统筹的政策性住房金融机构能够充分发挥资金投资中的规模效应，这是以城市为单位的投资主体所不具有的优势。集中全国的巨大规模的资金有利于进一步优化资金的投资组合，从而提高资金的收益水平。其次，相比较于各城市分散的投资管理机构而言，中央统筹的情况下只需增设一个全国性的资金管理机构，能够大大降低资金的管理成本，节约的管理成本同样可以用于反哺住房公积金缴存职工。最后，中央统筹的政策性住房金融机构可尝试采用市场化委托投资的方式引入竞争机制，促进资金运营的非政府化，保障资金投资的安全性和稳定性。基于住房公积金管理的现状，从中长期来看可以尝试建立以中央统筹为主、城市分散管理为辅的资金管理模式。具体而言，中央统筹的政策性住房金融机构主要负责对全国层面富余的资金进行投资。各城市住房公积金管理中心在提取满足本地住房贷款和提取需求的基础上，将富余资金交由中央机构统一投资。各城市只负责保留部分资金增值收益的管理和分配，无须单独设计资金投资组合。

从住房公积金保值增值的途径来看，应在风险管控的前提下允许对资金的多元化投资组合。前期可在银行存款和购买国债的基础上将部分资金用于购买具有稳定收益、风险相对较小的证券投资基金或股票。若投资水平进一步成熟，则可采取更为积极型的资金投资组合，允许部分资金购买企业债、金融债，参与股权投资、产业投资基金等。

7.4　本 章 小 结

基于上文实证分析的结果，本章分别从宏观层面和微观层面对提高住房公积金的政策有效性和公平性进行了政策模拟，分析可能的政策调整产生的影响。主要结论如下。

从宏观城市层面来看，虽然住房公积金政策的调整能够在一定程度提高北京、上海、深圳、厦门等大城市职工家庭的支付能力，但政策的充分性依然不足，单纯地依靠住房公积金的支持效应无法完全解决大城市职工家庭的住房自有问题。进一步地，通过住房公积金支持租房消费的模拟显示，允许提取住房公积金支付房租能够提高职工当期的租金支付能力，提高住房公积金存款利率和住房公积金用于房租融资对于短期租房职工效果较小，但对长期租赁住房消费支持效应较为明显。

从微观个体层面来看，首先，本章围绕提高住房公积金的机会公平性进行政策模拟，结果发现扩大住房公积金覆盖面，让更多中低收入职工参与住房公积金制度能够缩小资源配置的不公平。其次，围绕提高政策效应的结果公平性进行了差异化政策模拟，结果表明存款利率的差异化设计对提高缴存职工贷款可得性的作用有限，而贷款利率和贷款额度的定向"特惠"能显著缩小不同收入缴存职工的综合收益差距，并且增强低收入的贷款可得性，缓解资源在缴存职工内部的分配差距。在本文的赋值设定下，为了使低收入职工在获得住房公积金政策福利的前提下，每提前一年获得福利效应，住房公积金贷款月利率需要在现行规定的基础上定向"特惠"0.05%，贷款额度"特惠"5万元。

基于政策模拟的结果，本章的政策建议包括客观看待住房公积金的政策效应、因城施策开展制度的顶层设计、探索基于收入差异的贷款政策、扩大住房公积金的制度覆盖面、提高职工缴存周期内的福利水平。

第 8 章

主要结论和研究展望

改革完善住房公积金制度是我国完善住房制度、构建房地产长效机制，推动实现全体人民住有所居的重要抓手之一。住房公积金制度自成立以来，在推动我国住房市场化改革、改善居民居住环境、提高居民住房消费水平等方面发挥了重要作用。然而，随着我国经济社会的快速发展，住房公积金制度在支持住房消费的效应依然具有争议，住房公积金制度的改革已经成为新时代完善住房制度的重要内容。

本书聚焦于住房公积金对住房消费的支持效应评价，梳理了住房公积金制度的历史演变过程和国外与住房公积金制度类似的长期住房储蓄计划运行模式。基于公共政策评价理论和住房公积金支持住房消费的内涵剖析，本书以有效性、机会公平性、规则公平性和结果公平性为评价标准，构建了"事实维度—形式维度—价值维度"的多维度评价体系及评价指标。在事实维度评价方面，本书从宏观城市层面实证分析了住房公积金支持住房消费的政策有效性和城市差异；在形式维度评价方面，本书从微观个体层面分析了住房公积金对资源配置的机会公平性和规则公平性；在价值维度评价方面，本书从微观个体层面分析了住房公积金支持住房消费行为和提高支付能力的结果公平性。基于实证分析的结果，本书结合系统优化的思想从宏观和微观角度分别对提高政策有效性和公平性进行了政策模拟，为住房公积金制度的改革提供相应的参考。

本章主要梳理论文的研究结论，总结论文可能的贡献以及存在的局限性，并提出未来的研究展望。

8.1 主要研究结论

第一，从事实维度来看，住房公积金对提高住房支付能力的有效性明显但存在城市差异。

从政策的实际效果来看，住房公积金制度在考察期内将 271 个样本城市职工住房支付能力平均提高 26.15%；其中，低息贷款政策工具的支持力度最显著，而税收减免的支持力度十分有限。

从政策充分性来看，住房公积金的实施使得 2014～2018 年月供收入比小于 0.3 的城市平均数量由 201 个（占比 74%）上升为 244 个（占比 90%）。

从城市差异来看，住房公积金的支持效应表现为"强者恒强"，对原本支付能力较强的三四线城市而言政策的支持效应高于原本支付能力较弱的一二线城市，其中北京、上海、深圳、厦门等城市的政策效果最弱。就具体机制而言，低息贷款和单位补贴与房价的关系是住房公积金政策有效性的重要影响因素。总体而言，住房公积金发挥了重要的政策性住房金融功能，但宏观层面的"有效性提高"和"城市差异"应该是制度改革需要考虑的重点。

第二，从形式维度来看，住房公积金制度设计的公平性需要客观地对待。

从参与机制来看，住房公积金制度存在机会不公平。高收入职工参与住房公积金资源配置的机会更大，有限的制度参与扩大了住房公积金缴存职工和非缴存职工在购房时的收入差距，加剧了全体城镇职工的收入分配不公平。

从支持过程来看，住房公积金对缴存职工而言具有规则公平性。低收入缴存职工相对于高收入职工能够通过住房公积金制度在购房时撬动更多的收益，"限高保低"的制度设计能够减缓缴存职工购房时资源配置的不公平。然而，这种规则公平性是建立在缴存职工获得低息贷款机会均等的条件下，当低收入职工由于收入约束无法获得住房公积金制度的收益时，缴存职工内部资源分配不公平的风险可能进一步加剧。

第三，从价值维度来看，住房公积金支持住房消费的结果不公平性对其社会价值带来挑战。

　　总体而言，住房公积金通过提高住房支付能力有效支持了缴存职工的住房消费行为。

　　从微观个体差异来看，政策效应存在结果不公平性。低收入缴存职工获得的支持力度有限，却要承受资金的机会成本损失。相反，住房公积金支持了高收入缴存职工的住房投资和购房年轻化。在低息贷款机会不均等的情况下，房价上涨对住房公积金制度的规则公平性带来了挑战。进一步分析发现，制度设计合理性与现实差异性的具体原因主要表现为有限的职工参与率与制度强制性不匹配，贷款机会均等性与制度同质性有差异，制度的保障性需求与金融安全性不兼容，政策的内容一贯性与社会发展性不协调。

　　第四，从政策模拟来看，制度改革的取向应重点关注政策效应的城市差异和个体差异。

　　从城市层面来看，虽然住房公积金政策的调整能够在一定程度缓解北京、上海、深圳、厦门等大城市职工家庭的支付能力不足，但政策效应的充分性依然不足，单纯地依靠住房公积金的支持效应无法完全解决大城市职工家庭的住房自有问题。大中城市应重点考虑提高住房公积金在租房消费方面的支持力度，允许提取住房公积金支付房租能够提高职工当期的租金支付能力，提高住房公积金存款利率和住房公积金用于房租融资对于短期租房职工效果较小，但对长期租赁住房消费支持效应较大。

　　从个体层面来看，扩大住房公积金覆盖面能够从参与机会的角度提高资源配置在全体城镇职工中的公平性。差异化的信贷政策是提高结果公平性的可能途径。采取差异化的住房公积金存款利率对低收入职工贷款可得性的支持力度有限，但贷款利率和贷款额度向低收入倾斜的差异化政策调整能够产生较为明显的效果。通过差异化的政策调整，不同类型收入职工获得的综合收益的差距缩小，住房购买时间提前，进一步缩小了资源在缴存职工内部分配的差距。

8.2　主要创新点

　　总体而言，本书可能的创新表现为以下三方面。

　　首先，本书构建了住房公积金支持住房消费的理论体系与多维度评价框架，弥补了现有研究评价体系的不足。目前关于住房公积金政策效应的研究中缺乏系统性的机制研究和评价框架，本书以支持住房消费为切入点，构建了以货币补贴、低息贷款、税收减免为特征的政策工具和以互助理论、强制储蓄理论、资源配置理论为代表的理论体系，并且综合考虑了政策的实施过程、制度机制和实施结果，基于公共政策评价理论以有效性和公平性为评价标准构建了"事实维度—形式维度—价值维度"的多维评价框架，并通过相应的指标设计进行验证，是理论研究方面的创新。

其次，本书较为全面和客观地评价了住房公积金支持住房消费的政策有效性，揭示了住房公积金政策效应存在争议的内在因素。本书通过构建全国271个城市的宏观数据库，通过"投射—实施后"比较法定量测算了住房公积金提高支付能力的政策有效性及城市差异，弥补了住房公积金宏观层面研究的不足。从资源配置的角度考察住房公积金的制度公平性，通过基尼系数定量测算了住房公积金对职工购房时收入分布的影响机制，发现了其"限高保低"制度设计的规则公平性和在贷款机会均等的前提下低收入职工能够获得更高杠杆效应。进而通过分组回归的方法发现了低收入职工获得的支持效应不足以及政策效应存在的结果不公平，揭示了住房公积金贷款的同质化和机会不均等是制度可持续发展的主要挑战。

最后，本书设计了住房公积金支持住房消费的优化方案并进行了政策模拟，为住房公积金的制度改革提供定量参考。现有研究对住房公积金制度改革的讨论往往缺少定量依据，本书基于实证结果从宏观层面的模拟发现住房公积金对支持大城市职工家庭住房自有的局限性并模拟了提高支持租房消费的潜在可能性；对提高资源配置公平性的模拟发现扩大住房公积金覆盖面有助于提高机会公平性，回应了当前关于住房公积金扩面的争议；基于提高结果公平性提出了差异化信贷政策并定量模拟了政策的调整区间。

8.3　存在的不足与展望

第一，统一数据尺度框架下的政策效应研究有待进一步开展。

由于数据可得性的限制，本书根据不同的研究目的选择了不同的数据库，在宏观和微观层面的研究数据上仍然难以保持时间和空间上的尺度完全统一。例如，宏观层面分析依托2014~2018年的城市数据，微观层面的数据分别为2013年和2017年的微观调研数据。诚然，一个尺度相对统一的数据库能够使得本书的分析结论更具有说服力，这也是未来努力的方向之一。

第二，考虑全生命周期的政策效应动态变化有待进一步研究。

本书的研究初步涉及了政策效应的动态变化问题。在政策有效性研究中分析了住房公积金对住房消费支持效应的年度差异；在优化模拟中考察了不同收入职工家庭的不同购房时间所产生的住房公积金综合政策收益。客观而言，居民家庭的住房消费水平随着住房市场的变化、收入的增加和财富的积累是一个动态变化的过程。未来的研究中可进一步从生命周期的视角考察外部环境动态变化的情况下住房公积金缴存职工的成本和收益。

第三，基于多目标的政策优化模型有待进一步完善。

本书初步构建了政策优化的框架和基本思路，但优化模型还相对简单，没有考虑可能的转移性收入对家庭收入水平的影响、城市外部经济环境、人口流动等影响。此外，首付款压力和贷款压力是相互转换的，为了与商业贷款模式具有可比性本文没有考虑首付款和贷款额度的压力转换效应。住房公积金涉及资金的归集、使用、风险、增值等各方面，未来可在本书优化模型的基础上尝试基于多目标的政策优化模拟。再者，租金贷是一个较为复杂的话题，本书的政策模拟初步提出了住房公积金制度改革的一种可能的路径，关于住房公积金支持租金贷的具体内容可能是下一步研究的方向之一。

第四，考虑多元化政策组合的住房保障模式有待进一步研究。

本书的研究聚焦于住房公积金这一需求侧的金融支持政策，以公租房、共有产权房等为主的供给侧支持同样是对存在住房问题的大中城市和中低收入职工的重要保障路径。首先，对于贷款门槛、支付能力、风险水平等均存在严重不足的低收入群体，需要政府的政策保障性托底。因此，住房公积金制度改革中的扩面应该达到什么样的程度是值得进一步讨论的话题。其次，在"多主体供给、多渠道保障"的需求下，如何强化住房公积金与保障性住房的协同效应，通过多元化政策组合的模式解决居民住房问题是未来值得探讨的方向之一。

附　　表

附表 1　　住房购买在不同收入样本中的 logit 回归结果

变量名	(1) 全样本	(2) 低收入	(3) 中低收入	(4) 中等收入	(5) 中高收入	(6) 高收入
HPF_before	0. 518 *** (0. 065)	0. 262 (0. 185)	0. 586 *** (0. 144)	0. 571 *** (0. 138)	0. 265 * (0. 144)	0. 817 *** (0. 160)
Income	0. 260 *** (0. 026)	0. 067 (0. 048)	0. 550 * (0. 310)	1. 730 *** (0. 361)	1. 582 *** (0. 371)	0. 170 *** (0. 114)
Gender	− 0. 193 *** (0. 059)	− 0. 054 (0. 141)	− 0. 098 (0. 137)	− 0. 342 *** (0. 127)	− 0. 310 ** (0. 135)	− 0. 241 * (0. 146)
Age	0. 143 *** (0. 018)	0. 112 *** (0. 036)	0. 144 *** (0. 043)	0. 187 *** (0. 042)	0. 184 *** (0. 042)	0. 114 *** (0. 042)
Age²	− 0. 002 *** (0. 000)	− 0. 001 *** (0. 000)	− 0. 002 *** (0. 000)	− 0. 002 *** (0. 000)	− 0. 002 *** (0. 000)	− 0. 001 *** (0. 000)
Education	0. 132 *** (0. 009)	0. 101 *** (0. 020)	0. 118 *** (0. 020)	0. 0977 *** (0. 020)	0. 154 *** (0. 021)	0. 144 *** (0. 023)
Hsize	− 0. 036 (0. 027)	− 0. 044 (0. 061)	− 0. 138 (0. 069)	− 0. 001 (0. 064)	− 0. 233 (0. 064)	− 0. 020 (0. 065)
Marriage	0. 748 *** (0. 086)	0. 878 *** (0. 190)	0. 833 *** (0. 201)	0. 308 (0. 191)	1. 011 *** (0. 210)	0. 265 (0. 224)
Dependency	− 0. 630 *** (0. 122)	− 0. 847 *** (0. 278)	− 1. 236 *** (0. 278)	− 0. 102 (0. 275)	− 0. 668 ** (0. 290)	− 1. 116 *** (0. 313)
Job	0. 032 (0. 061)	0. 151 (0. 169)	0. 002 (0. 137)	0. 075 (0. 135)	0. 137 (0. 135)	0. 103 (0. 148)
Expenditure	0. 393 *** (0. 044)	0. 533 *** (0. 096)	0. 249 ** (0. 101)	0. 344 *** (0. 106)	0. 133 ** (0. 109)	0. 464 *** (0. 117)
Native	0. 380 *** (0. 070)	0. 586 *** (0. 165)	0. 687 *** (0. 174)	0. 510 *** (0. 157)	0. 226 *** (0. 164)	0. 144 *** (0. 161)
Constant	− 10. 500 *** (0. 577)	− 9. 223 *** (1. 407)	− 8. 878 *** (3. 403)	10. 92 *** (4. 240)	12. 39 *** (4. 360)	− 6. 946 *** (2. 140)
Observations	9,088	1,823	1,819	1,819	1,810	1,817

注：(1) 括号中的数为标准误；(2) ***p < 0. 01， **p < 0. 05， *p < 0. 1。

附表 2　　　　　　　　　　　住房投资的 logit 回归结果

变量名	（1）	（2）	（3）	（4）	（5）	（6）
	全样本	低收入	中低收入	中等收入	中高收入	高收入
HPF_after	0.433 ***	0.347	0.419	0.167	0.148	0.518 ***
	(0.121)	(0.511)	(0.432)	(0.328)	(0.246)	(0.173)
Income	0.655 ***	0.251	0.696	1.820 **	1.292 ***	0.488 ***
	(0.057)	(0.187)	(1.155)	(0.921)	(0.652)	(0.103)
Gender	−0.115	0.703	−0.325	−0.447	−0.310	−0.278 **
	(0.100)	(0.507)	(0.443)	(0.250)	(0.209)	(0.139)
Age	0.141 ***	0.234	0.304	0.305 ***	0.248 ***	0.126 **
	(0.037)	(0.113)	(0.191)	(0.116)	(0.083)	(0.051)
Age^2	−0.001 ***	−0.001	−0.003	−0.002 **	−0.002 ***	−0.001 **
	(0.000)	(0.001)	(0.002)	(0.001)	(0.001)	(0.001)
Education	0.123 ***	0.115 *	0.261 ***	0.170 ***	0.158 ***	0.050 **
	(0.017)	(0.062)	(0.081)	(0.047)	(0.037)	(0.024)
Hsize	0.138	0.177	−0.0975	−0.0396	−0.0203	0.0929
	(0.053)	(0.159)	(0.270)	(0.174)	(0.114)	(0.072)
Marriage	0.135 *	0.679	1.876	0.038	0.027	0.796 ***
	(0.160)	(0.655)	(0.866)	(0.417)	(0.357)	(0.229)
Dependency	−0.532	−0.660	−0.633	−0.182	−0.789	−0.904
	(0.234)	(0.870)	(1.007)	(0.648)	(0.482)	(0.340)
Job	0.054	0.504	−0.780	−0.067	0.239	0.163
	(0.107)	(0.441)	(0.476)	(0.298)	(0.226)	(0.147)
Expenditure	0.724 ***	0.843 ***	1.326 ***	0.587 **	0.394 **	0.512 ***
	(0.090)	(0.287)	(0.364)	(0.237)	(0.179)	(0.130)
Native	−0.097	−0.325	0.119	−0.146	0.014	0.053
	(0.138)	(0.463)	(0.569)	(0.358)	(0.298)	(0.191)
Constant	−22.54 ***	−16.90 ***	−6.485	−10.42	−14.40 **	−13.54 ***
	(1.260)	(4.392)	(11.03)	(9.809)	(6.576)	(1.848)
Observations	9,088	1,823	1,819	1,819	1,810	1,817

注：（1）括号中的数为标准误；（2）*** p<0.01，** p<0.05，* p<0.1。

附表 3　　　　　　　　户主初次购房年龄的 OLS 回归结果

变量名	（1）	（2）	（3）	（4）	（5）	（6）
	全样本	低收入	中低收入	中等收入	中高收入	高收入
HPF_before	− 0.691 * (0.368)	− 0.146 (1.819)	− 0.768 (0.876)	− 1.083 (0.812)	− 0.563 (0.756)	− 1.962 *** (0.686)
Income	− 1.080 *** (0.201)	− 8.376 * (10.511)	− 3.650 ** (1.796)	− 2.602 ** (1.832)	− 2.844 * (1.533)	− 0.285 ** (0.407)
Gender	2.505 *** (0.276)	3.935 ** (1.954)	1.722 ** (0.794)	2.308 *** (0.601)	2.313 *** (0.531)	2.816 *** (0.474)
Education	− 0.832 *** (0.050)	− 1.242 *** (0.294)	− 0.726 *** (0.122)	− 0.939 *** (0.107)	− 0.967 *** (0.104)	− 0.718 *** (0.0943)
Hsize	− 0.324 * (0.173)	0.809 (1.016)	− 1.417 *** (0.482)	− 0.115 (0.391)	− 0.112 (0.348)	− 0.532 * (0.292)
Marriage	4.811 *** (0.494)	2.567 (2.704)	4.663 *** (1.237)	3.057 *** (1.068)	4.916 *** (1.044)	6.925 *** (0.884)
Dependency	2.511 *** (0.734)	7.817 * (4.159)	0.838 (1.855)	2.778 * (1.620)	0.683 (1.528)	2.866 ** (1.329)
Job	− 2.647 *** (0.334)	− 3.908 * (2.341)	− 2.221 *** (0.853)	− 2.623 *** (0.780)	− 2.561 *** (0.675)	− 2.845 *** (0.557)
Expenditure	− 0.808 *** (0.264)	− 2.807 (1.579)	− 1.372 * (0.619)	− 0.216 ** (0.589)	− 0.449 * (0.522)	− 1.494 *** (0.495)
Native	3.316 *** (0.403)	4.521 * (2.460)	3.298 *** (1.143)	3.874 *** (0.904)	2.494 *** (0.804)	3.748 *** (0.672)
Constant	29.55 *** (2.779)	140.3 (102.4)	12.20 (19.59)	8.318 (20.50)	8.412 (17.59)	42.95 *** (6.336)
Observations	3,952	217	601	782	1,011	1,341

注：（1）括号中的数为标准误；（2）*** p < 0.01，** p < 0.05，* p < 0.1。

参 考 文 献

［1］艾芸.住房公积金的尴尬［J］.人民论坛，2007（17）：38－39.

［2］包林梅.完善我国住房公积金制度的思考［J］.价格理论与实践，2012（8）：43－44.

［3］柴化敏，李晶.住房公积金与流动人口住房需求研究——基于2016年流动人口动态监测抽样调查数据的分析［J］.社会保障研究，2020（4）：31－48.

［4］陈峰.中国住房公积金制度的目标定位与政策取向［J］.华中师范大学学报（人文社会科学版），2019，58（3）：60－67.

［5］陈峰.住房公积金的属性争论与再思考［J］.暨南学报（哲学社会科学版），2019，41（9）：1－11.

［6］陈峰.中国住房公积金管理机构定位困境与顶层设计思考——兼对《住房公积金管理条例》修订的评论［J］.华中师范大学学报（人文社会科学版），2020，59（6）：45－54.

［7］陈峰，邓保同.住房公积金制度改革方案设计——基于普惠与特惠内生协调的视角［J］.中国行政管理，2014（12）：100－103.

［8］陈峰，邓保同.住房公积金制度普惠的测度与评估［J］.华中师范大学学报（人文社会科学版），2015，54（1）：60－70.

［9］陈峰，洪瑾.住房公积金制度的公平与效率的本质性问题［J］.中国房地产，2019（4）：75－79.

［10］陈峰，张妍.住房公积金到底支持谁购了房？——住房公积金制度存续的微观证据［J］.财政研究，2018（9）：93－105.

［11］陈功，郑秉文.德国住房储蓄银行制度发挥良好功用［N］.中国经济时报，2020－9－8.

［12］陈杰.中国住房公积金的制度困境与改革出路分析［J］.公共行政评论，2010，3（3）：91－119，204.

［13］陈杰.新中国70年城镇住房制度的变迁与展望［J］.国家治

理，2019（14）：25－35.

[14] 陈伟雄，杨婷. 中国区域经济发展 70 年演进的历程及其走向 [J]. 区域经济评论，2019（5）：28－38.

[15] 陈瑛姝，蒲晓红. 我国住房公积金纳入社保个人账户的可行性 [J]. 经济导刊，2008（Z1）：54－55.

[16] 陈友华. 住房公积金制度：问题、出路与思考 [J]. 山东社会科学，2014（3）：40－47.

[17] 陈余芳，黄燕芬. 供给侧改革背景下的我国住房公积金制度改革研究 [J]. 现代管理科学，2017（3）：21－23.

[18] 陈玉龙. 基于事实与价值的公共政策评估研究 [D]. 杭州：浙江大学，2015.

[19] 陈振明. 政策科学：公共政策分析导论 [M]. 北京：中国人民大学出版社，2015.

[20] 范超，王雪琪. 我国 35 个大中城市房价——持久收入比研究 [J]. 统计研究，2016，33（8）：95－100.

[21] 范瑾. "四维"框架下精准扶贫政策执行效果跟踪审计研究——以 A 省为例 [J]. 财会通讯，2020，857（21）：124－128.

[22] 顾习龙. 马克思资本理论与社会主义市场经济 [D]. 苏州：苏州大学，2012.

[23] 范兆媛，王子敏. 住房公积金与城城流动人口的留城意愿——基于 2016 年流动人口动态监测调查的实证研究 [J]. 华东经济管理，2019，33（6）：108－114.

[24] 甘犁，赵乃宝，孙永智. 收入不平等、流动性约束与中国家庭储蓄率 [J]. 经济研究，2018，53（12）：34－50.

[25] 高波，王先柱. 中国房地产市场货币政策传导机制的有效性分析：2000—2007 [J]. 财贸经济，2009（3）：129－135.

[26] 高奇隆，孙雪姗，魏景明，张永余，黄敏卓，董恒进. 义乌市完善职工医保个人账户政策效果的评价研究——基于"投射—实施后"对比分析法 [J]. 中国卫生政策研究，2019（10）：8－14.

[27] 革昕，张巍，王塔瑚，程华，谈从炎. 从国际经验看中国企业减负中的"五险一金"改革 [J]. 财政研究，2017（7）：60－72.

[28] 工人日报. 住房公积金缘何让很多职工爱不起来？[N]. 工人日报，2016－10－14.

[29] 国家统计局. 新中国成立70周年经济社会发展成就系列报告之十 [R]. 北京：国家统计局，2019.

[30] 国务院发展研究中心中国民生调查课题组，张军扩，叶兴庆，葛延风，金三林，等. 中国民生调查 2018 综合研究报告——新时代的民生保障 [J]. 管理世界，2018，34 (11)：1 – 11.

[31] 顾澄龙，周应恒，严斌剑. 住房公积金制度、房价与住房福利 [J]. 经济学（季刊），2016，15 (1)：109 – 124.

[32] 何代欣. 住房公积金制度与住房福利分配的他国镜鉴 [J]. 改革，2015 (5)：43 – 57.

[33] 何欣，路晓蒙. 公积金制度加剧了中国住房不平等吗？[J]. 社会保障研究，2019 (2)：69 – 82.

[34] 何星亮. 孙中山的"互助"思想与当代社会 [J]. 中南民族大学学报（人文社会科学版），2012，32 (2)：12 – 17.

[35] 洪涛，靳玉超. 中国居民住房支付能力测度及影响因素分析 [J]. 哈尔滨工业大学学报（社会科学版），2014，16 (1)：117 – 121.

[36] 胡联，汪三贵，王娜. 贫困村互助资金存在精英俘获吗——基于 5 省 30 个贫困村互助资金试点村的经验证据 [J]. 经济学家，2015，201 (9)：78 – 85.

[37] 黄静. 城市居民住房消费选择中的"新房偏好"效应研究——基于分位数模型的反事实分解 [J]. 管理评论，2017，29 (11)：41 – 49.

[38] 黄燕芬，李怡达. 关于我国住房公积金制度改革顶层设计的探讨 [J]. 国家行政学院学报，2017 (2)：36 – 40，125.

[39] 黄燕芬，唐将伟，张超. 住房保障发展不平衡不充分：表现、成因与对策 [J]. 国家行政学院学报，2018 (6)：108 – 112，190.

[40] 黄燕芬，王淳熙，张超，陈翔云. 建立我国住房租赁市场发展的长效机制——以"租购同权"促"租售并举" [J]. 价格理论与实践，2017 (10)：17 – 21.

[41] 贾生华，戚文举. 国外"房价收入比"研究：起源、测量与应用 [J]. 重庆大学学报（社会科学版），2010，16 (2)：16 – 20.

[42] 贾生华. 创新住房保障体系，实现百姓"住有所居"——评《我国城镇住房保障体系及运行机制研究》[J]. 浙江工业大学学报（社会科学版），2020，19 (3)：361.

[43] 蒋华福. 供给侧改革视阈下住房公积金运行绩效治理研究 [J].

上海交通大学学报（哲学社会科学版），2018，26（5）：48-56.

[44] 蒋华福. 风险预警下住房公积金供需的结构性均衡 [J]. 企业经济，2018，37（7）：150-156.

[45] 蒋悦飞. 广州"公积金留半年"新政实施时间未定 [N]. 广州日报.

[46] 康书隆，余海跃，刘越飞. 住房公积金、购房信贷与家庭消费——基于中国家庭追踪调查数据的实证研究 [J]. 金融研究，2017（8）：67-82.

[47] 蒯庆梅，张辉，邱峰. 以住房公积金为基础设立国家住房银行问题研究 [J]. 华北金融，2015（6）：15-19.

[48] 李丁，何春燕，马双，邵帅. 住房公积金制度保障功能的"纺锤"效应——基于 CHFS 数据的实证研究 [J]. 财经研究，2020，46（11）：108-122.

[49] 李锋. 公积金造成社会福利损失了吗？——驳李文斌《住房津贴代替公积金破解房改之惑》[J]. 中国房地产金融，2007（5）：42-45.

[50] 李涵，张昕. 住房公积金导致了不平等吗——来自中国家庭金融调查的证据 [J]. 经济理论与经济管理，2020（6）：99-112.

[51] 李涛. 我国住房公积金制度改革路径研究 [D]. 北京：中共中央党校，2019.

[52] 李伟军. 住房公积金政策性金融功能：定位、挑战与改革思路 [J]. 江苏行政学院学报，2019（3）：48-54.

[53] 李伟军，吴义东. 住房公积金、金融知识与新市民住房租购决策——基于 CHFS 的证据 [J]. 中南财经政法大学学报，2019，235（4）：139-148.

[54] 李文斌. 住房津贴代替公积金破解房改之惑 [EB/OL]. 新浪网，2006.

[55] 李晓冬. 公共政策落实跟踪审计三维评价标准构建研究——以精准扶贫政策落实跟踪审计为例 [J]. 会计与经济研究，2020，34（2）：43-58.

[56] 李暄晖. 规范、价值、事实——法的有效性的维度分析 [J]. 法制与社会，2006（19）：1-3.

[57] 李玉姣. 农民工市民化意愿的实证研究——基于2016年中国流动人口动态监测调查 [J]. 党政干部学刊，2019（8）：69-75.

[58] 李允杰，丘昌泰．政策执行与评估［M］．北京：北京大学出版社，2008.

[59] 李运华，殷玉如．住房公积金制度设计：公平与效率探讨［J］．当代经济管理，2015，37（10）：50-54.

[60] 梁土坤．流动人口定居意愿影响因素分析［J］．人口与社会，2016，32（2）：63-74.

[61] 林蒙丹，林晓珊．结婚买房：个体化视角下的城市青年婚姻与住房消费［J］．中国青年研究，2020，294（8）：28-35.

[62] 刘成斌，周兵．中国农民工购房选择研究［J］．中国人口科学，2015，171（6）：100-108，128.

[63] 刘海猛，石培基，潘竟虎，曹智，谢作轮．中国城镇房价收入比时空演变的多尺度分析［J］．地理科学，2015，35（10）：1280-1287.

[64] 刘洪玉．推进与完善住房公积金制度研究［M］．北京：科学出版社，2011.

[65] 刘洪玉．什么因素阻碍了租房市场健康发展［J］．人民论坛，2017，567（24）：88-90.

[66] 刘金林．基于事实维度的公共科技政策评价研究［J］．经济与管理，2011，25（8）：17-22.

[67] 刘妮娜．互助与合作：中国农村互助型社会养老模式研究［J］．人口研究，2017，41（4）：72-81.

[68] 刘俏，张峥．我们为什么反对"取消企业住房公积金制度"的政策建议．新浪新闻，2020-2-13.

[69] 刘一伟．住房公积金与农民工定居城市的关联度［J］．重庆社会科学，2017（1）：45-53.

[70] 柳歆，孟卫东，程瑶．公平视角下住房公积金储户补偿机制研究［J］．经济体制改革，2019（3）：25-31.

[71] 卢云鹤，万海远．住房公积金制度的收入分配效应［J］．经济学（季刊），2021（1）：87-106.

[72] 马国贤，任晓辉．公共政策分析与评估［M］．上海：复旦大学出版社，2012.

[73] 孟昊．中国住房公积金制度研究［M］．北京：中国金融出版社，2016.

[74] 宁骚．公共政策学．第2版［M］．北京：高等教育出版社，

2011.

[75] 莫磊. 自救与互助：托马斯·查尔莫斯的济贫思想 [J]. 史学月刊, 2017, 441 (7): 109 - 116.

[76] 倪鹏飞. 住房公积金制度的争论焦点与改革方向 [J]. 人民论坛, 2020 (23): 76 - 80.

[77] 牛明, 朱小玉. 住房公积金制度何去何从：存废之争、定位重思与改革方向 [J]. 社会保障评论, 2019, 3 (2): 137 - 152.

[78] 彭忠益, 石玉. 中国政策评估研究二十年 (1998—2018)：学术回顾与研究展望 [J]. 北京行政学院学报, 2019, 120 (2): 35 - 43.

[79] 沈久沄. 对房价收入比科学涵义的再探讨 [J]. 中央财经大学学报, 2006 (6): 75 - 79.

[80] 施建刚, 颜君. 基于 HAQ 模型的城镇居民住房支付能力研究 [J]. 系统工程理论与实践, 2015, 35 (9): 2221 - 2231.

[81] 世界银行亚洲区中国局环境、人力资源和城市发展处. 中国：城镇住房改革的问题与方案 [M]. 北京：中国财政经济出版社, 1992.

[82] 孙勇, 王滂, 孙中伟. 社会保障与外来务工人员城市定居意愿分析——基于 2013 年全国七城市的调查数据 [J]. 统计与信息论坛, 2015, 30 (8): 74 - 79.

[83] 孙玥. 实现住房公积金制度公平效率目标的路径探索 [D]. 南京：南京大学, 2014.

[84] 孙玥. 我国住房公积金制度路径选择 [J]. 价格理论与实践, 2014 (6): 90 - 92.

[85] 谭磊. 丹尼尔·笛福的保险互助思想述评 [J]. 广东工业大学学报（社会科学版）, 2012, 12 (2): 76 - 80.

[86] 佟广军. 我国住房公积金制度的变迁及其现实状况 [J]. 重庆社会科学, 2014 (5): 51 - 59.

[87] 汪利娜. 政策性住宅金融：国际经验与中国借鉴——兼论中国住房公积金改革方案 [J]. 国际经济评论, 2016 (2): 6, 87 - 100.

[88] 王彩波, 丁建彪. 社会公平视角下公共政策有效性的路径选择——关于公共政策效能的一种理论诠释 [J]. 吉林大学社会科学学报, 2012, 52 (2): 61 - 66, 159.

[89] 王家庭. 建立中国住房储蓄银行的构想 [J]. 理论学刊, 2004 (4): 36 - 39, 127.

[90] 王开泉. 住房公积金制度的他国镜鉴: 透视住房合作银行 [J]. 改革, 2015 (6): 43 - 52.

[91] 王兰芳, 黄亚兰. 强制储蓄型养老保险——针对农民工流动性的设计 [J]. 人口与经济, 2010, 179 (2): 53 - 57, 75.

[92] 王敏. 中国住房公积金制度评估与反思: 基于住房支付能力视角 [J]. 兰州学刊, 2017 (10): 162 - 173.

[93] 王骚. 公共政策学 [M]. 天津: 天津大学出版社, 2010.

[94] 王先柱. 建立公开规范的住房公积金制度研究 [M]. 北京: 经济科学出版社, 2020.

[95] 王先柱, 金叶龙. 货币政策能有效调控房地产企业"银根"吗?——基于财务柔性的视角 [J]. 财经研究, 2013, 39 (11): 69 - 79.

[96] 王先柱, 毛中根, 刘洪玉. 货币政策的区域效应——来自房地产市场的证据 [J]. 金融研究, 2011 (9): 42 - 53.

[97] 王先柱, 年崇文. 住房公积金制度的演进、特征与改革取向——基于政策文本的量化分析 [J]. 河海大学学报 (哲学社会科学版), 2018, 20 (6): 33 - 41, 91.

[98] 王先柱, 屠纪清, 胡根华. "船大好挡浪, 浪大造大船"——基于货币政策影响房地产企业资本结构的视角 [J]. 经济科学, 2020, 236 (2): 34 - 47.

[99] 王先柱, 王敏. 住房公积金支持农民工购房的路径研究 [J]. 湖南工业大学学报 (社会科学版), 2017, 22 (5): 34 - 39.

[100] 王先柱, 王敏, 吴义东. 住房公积金支持农民工住房消费的区域差异性研究 [J]. 华东师范大学学报 (哲学社会科学版), 2018, 50 (2): 148 - 158, 173.

[101] 王先柱, 吴义东. 公众认知视角下住房公积金制度的改革 [J]. 郑州大学学报 (哲学社会科学版), 2017, 50 (2): 68 - 74.

[102] 王先柱, 吴义东. 住房贷款模式差异化选择研究——以上海市为例 [J]. 统计与信息论坛, 2017, 32 (8): 70 - 77.

[103] 王先柱, 吴义东. 住房公积金"互助"还是"攫取"?——基于中国调查数据的实证研究 [J]. 上海经济研究, 2017 (6): 42 - 52.

[104] 王先柱, 吴义东. 住房公积金政策性金融功能提升研究——现实需求、内在逻辑与思路设计 [J]. 江苏行政学院学报, 2018 (4): 43 - 50.

[105] 王先柱, 殷欢, 吴义东. 文化规范效应、儒家文化与住房自有

率 [J]. 现代财经 (天津财经大学学报), 2017, 37 (4): 66-75.

[106] 韦森. 入世的政治—经济学家阿尔伯特·赫希曼的思想之旅 [J]. 复旦学报 (社会科学版), 2015, 57 (6): 117-129.

[107] 吴刚. 城市居民住房支付能力研究——基于2000—2008我国10城市的经验数据 [J]. 城市发展研究, 2009, 16 (9): 20-25.

[108] 吴璟, 郑思齐, 刘洪玉. 中国城市居民住房支付能力问题与住房公积金制度作用评价 [M]//满燕云、隆国强、景娟等编. 中国低收入住房: 现状及政策设计. 北京: 商务印书馆, 2011.

[109] 吴良国, 李永周. 中国城镇居民住房消费行为特征研究 [J]. 消费经济, 2013, 29 (1): 18-22.

[110] 吴鸣. 公共政策的经济学分析 [J]. 经济问题, 2004 (5): 12-14.

[111] 吴义东, 陈杰. 保障性抑或互助性: 中国住房公积金制度的属性定位与改革取向 [J]. 中国行政管理, 2020 (9): 58-66.

[112] 吴义东, 王先柱. 青年群体住房租买选择及其购房压力研究 [J]. 调研世界, 2018, 295 (4): 13-21.

[113] 吴义东, 吴璟, 王先柱. 中国住房公积金绩效评价与制度改革: 研究述评与理论思考 [J]. 经济研究参考, 2020, 2959 (15): 21-33.

[114] 肖作平, 尹林辉. 我国住房公积金缴存比例的影响因素研究——基于34个大中城市的经验证据 [J]. 经济研究, 2010, 45 (S1): 129-142.

[115] 谢明. 政策分析的主要类型及其评述 [J]. 北京行政学院学报, 2012, 79 (3): 45-48.

[116] 谢明, 张书连. 试论政策评估的焦点及其标准 [J]. 北京行政学院学报, 2015, 97 (3): 75-80.

[117] 徐楠. 区域经济增长极理论的发展历程以及对中国经济的影响 [J]. 经济研究导刊, 2010, 87 (13): 101-102.

[118] 徐晓明, 葛扬. 我国住房公积金制度改革路径研究——基于建立国家住宅政策性金融机构的视角 [J]. 福建论坛 (人文社会科学版), 2015 (4): 22-28.

[119] 徐跃进, 吴璟, 刘洪玉. 住房公积金政策的公平性评价与分析 [J]. 统计与决策, 2017 (23): 164-168.

[120] 徐跃进, 吴璟, 刘洪玉. 住房公积金政策与缴存职工收益 [J]. 统计研究, 2017, 34 (5): 49-58.

［121］杨刚，张铭铭，徐俊杰. 我国货币政策调控房地产市场的阶段划分及效果评价［J］. 技术经济与管理研究，2019（9）：87-91.

［122］杨赞，易成栋，张慧. 基于"剩余收入法"的北京市居民住房可支付能力分析［J］. 城市发展研究，2010，17（10）：36-40.

［123］殷俊，彭聪. 基于公平视角下住房公积金权益模式改革探析［J］. 理论月刊，2014（11）：152-159.

［124］殷俊，周翠俭. 住房公积金、城市定居与农民工幸福感［J］. 西安财经大学学报，2020，33（6）：93-101.

［125］殷世波. 住房公积金制度改制为政策性住房金融机构的设想［J］. 上海金融，2008（9）：19-22.

［126］殷雅卓. 马克思主义劳动力资源配置理论视角下的农民工就业问题研究［D］. 杨陵：西安科技大学，2014.

［127］殷玉如. 住房公积金制度问题研究［D］. 武汉：武汉大学，2015.

［128］尹德挺，袁尚. 新中国70年来人口分布变迁研究——基于"胡焕庸线"的空间定量分析［J］. 中国人口科学，2019，194（5）：15-28，126.

［129］苑泽明，石敏. 住房公积金财务运作模式创新研究［J］. 当代财经，2007（3）：120-124.

［130］曾筱清，翟彦杰. 我国住房公积金的法律属性及其管理模式研究［J］. 金融研究，2006（8）：154-164.

［131］詹鹏，万海远，李实. 住房公积金与居民收入分配——基于可计算一般均衡模型的研究［J］. 数量经济技术经济研究，2018，35（9）：22-40.

［132］张东. 住房公积金制度支撑理论：梳理与启示［J］. 财贸经济，2002（7）：34-36.

［133］张国庆. 公共政策分析［M］. 上海：复旦大学出版社，2019.

［134］张海洋. 融资约束下金融互助模式的演进——从民间金融到网络借贷［J］. 金融研究，2017，441（3）：101-115.

［135］张江涛，闫爽爽. 房价稳定与政策性住房金融体系：德国的启示［J］. 金融与经济，2017，477（6）：47-53.

［136］张骏生. 公共政策的有效执行［M］. 北京：清华大学出版社，2006.

[137] 张清勇. 房价收入比的起源、算法与应用：基于文献的讨论 [J]. 财贸经济，2011（12）：114 – 119，135.

[138] 张润泽. 形式、事实和价值：公共政策评估标准的三个维度 [J]. 湖南社会科学，2010，139（3）：31 – 34.

[139] 张协奎，樊光义. 论习近平新时代住房发展观 [J]. 财经科学，2020（384）：53 – 65.

[140] 赵奉军，高波. 新时代住房问题内涵与长效机制建设 [J]. 江苏行政学院学报，2018，99（3）：54 – 60.

[141] 赵奉军，邹琳华. 自有住房的影响与决定因素研究评述 [J]. 经济学动态，2012，620（10）：137 – 143.

[142] 赵莉晓. 创新政策评估理论方法研究——基于公共政策评估逻辑框架的视角 [J]. 科学学研究，2014，32（2）：195 – 202.

[143] 赵卫华，冯建斌，张林江. “单位嵌入型” 住房公积金制度对农民工的影响分析 [J]. 中共中央党校（国家行政学院）学报，2019，23（2）：128 – 135.

[144] 郑秉文. 公务员承受较大购房压力，若取消公积金或回归福利分房将更不公平 [N]. 红星新闻，2020 – 5 – 26.

[145] 郑小晴，胡章林. 将农民工纳入住房公积金制度保障体系的探讨 [J]. 重庆大学学报（社会科学版），2008，14（6）：34 – 38.

[146] 钟茂初. 公积金应允许用于治病养老 [N]. 人民日报·海外版，2006 – 11 – 17.

[147] 周京奎. 公积金约束、家庭类型与住宅特征需求——来自中国的经验分析 [J]. 金融研究，2011（7）：70 – 84.

[148] 周京奎. 收入不确定性、公积金约束与住房消费福利——基于中国城市住户调查数据的实证分析 [J]. 数量经济技术经济研究，2012，29（9）：95 – 110，121.

[149] 周宁，宁宁. 孙中山的互助进化思想 [J]. 兰州学刊，2006（2）：36 – 37，115.

[150] 周威，叶剑平. 住房公积金制度的法律与经济分析——写在变法之前 [J]. 经济体制改革，2009（1）：159 – 163.

[151] 周翔. 中德银行建立住房公积金自愿缴存机制的启示 [J]. 中国房地产，2018（28）：59 – 62.

[152] 周义. 房价收入比的修正及其实证 [J]. 统计与决策，2013

（11）：9 – 12.

［153］朱建君，贺亮．房价收入比的计算及应用研究——基于江苏省的实证分析 ［J］．建筑经济，2008（8）：46 – 49.

［154］朱婷．浅议住房公积金的性质 ［J］．社会保障研究，2012（1）：86 – 90.

［155］祝仲坤．农民工住房公积金制度的"困境摆脱" ［J］．改革，2016（7）：77 – 86.

［156］祝仲坤．住房公积金与新生代农民工留城意愿——基于流动人口动态监测调查的实证分析 ［J］．中国农村经济，2017（12）：33 – 48.

［157］祝仲坤．就业境况、社会互动与农民工住房公积金缴存 ［J］．财贸研究，2018，29（9）：55 – 65.

［158］祝仲坤，冷晨昕．农民工住房公积金制度的运行现状——基于中国劳动力动态调查数据的分析 ［J］．城市问题，2017（3）：80 – 86.

［159］Acolin A，Green R. Measuring housing affordability in so paulo metropolitan region：incorporating location ［J］. Cities，2017，62：41 – 49.

［160］Alabi M. Assessment of the operations of nigeria national housing fund ［J］. African Journal for the Psychological Study of Social Issues，2017，20（3）：90 – 105.

［161］Aliu I，Towry – coker L，Odumosu T. Housing policy debacle in sub-saharan Africa：an appraisal of three housing programs in lagos nigeria ［J］. African Geographical Review，2017，37（3）：1 – 19.

［162］Alonzo A. The development of housing finance for the urban poor in the Philippines：the experience of the home development mutual fund ［J］. Cities，1994，11（6）：398 – 401.

［163］Amao F，Ilesanmi A. Housing delivery in nigeria：repackaging for sustainable development ［J］. International Journal of African & Asian Studies，2014，8（1）：80 – 85.

［164］Audefroy J. Housing policy in mexico and its impacts ［J］. Wit Transactions on the Built Environment，2014，133：369 – 379.

［165］Baker E，Bentley R，Lester L，Beer A. Housing affordability and residential mobility as drivers of locational inequality ［J］. Applied Geography，2016，72：65 – 75.

［166］Burell M. China's housing provident fund：its success and limitations [J]. Housing Finance International, 2006, 20 (3): 38 – 49.

[167] Buttimer R, Gu A, Yang T. The chinese housing provident fund [J]. International Real Estate Review, 2004, 7: 1 – 30.

[168] Castillo J. Infonavit and the development of housing for low-income workers in Mexico [J]. Housing Finance International, 2000 (4): 42 – 47.

[169] Chen J, Deng L. Financing affordable housing through compulsory saving: the two-decade experience of housing provident fund in China [J]. Housing Studies, 2014, 29 (7): 937 – 958.

[170] Chia N. Adding a basic pillar to the central provident fund system: an actuarial analysis [J]. Singapore Economic Review, 2015, 60 (3): 110 – 130.

[171] Chiquier L, Lea M, Ebrary I. Housing finance policy in emerging markets [M]. Washington DC: The World Bank, 2009.

[172] Datta K, Jones G A. Housing and finance in developing countries: invisible issues on research and policy agendas [J]. Habitat International, 2001, 25 (3): 333 – 357.

[173] Deng L, Shen Q, Wang L. Housing policy and finance in china: a literature review [R]. Us Department of Housing and Urban Development, 2009.

[174] Deng L, Shen Q, Wang L. The emerging housing policy framework in China [J]. Journal of Planning Literature, 2011, 26 (2): 168 – 183.

[175] Deng L, Yan X, Chen J. Housing affordability, subsidized lending and cross-city variation in the performance of china's housing provident fund program [J]. Housing Studies, in press, 2019.

[176] Driant J, Li M. The ongoing transformation of social housing finance in france: towards a self-financing system? [J]. European Journal of Housing Policy, 2012, 12: 91 – 103.

[177] Duren N. The social housing burden: comparing households at the periphery and the centre of cities in Brazil, Colombia, and Mexico [J]. International Journal of Housing Policy, 2018, 18 (2): 177 – 203.

[178] Eichholtz P, Lindenthal T. Demographics, human capital, and the demand for housing [J]. Journal of Housing Economics, 2014, 26: 19 – 32.

[179] Fair Labor Association. 2015 Annual Public Report [R]. Washing-

ton DC, 2015.

[180] Fetter D. Housing finance and the mid-century transformation in US home ownership: the VA home loan program [D]. Harvard University, 2010.

[181] Gan Q, Hill R. Measuring housing affordability: looking beyond the median [J]. Journal of Housing Economics, 2009, 18 (2): 115 – 125.

[182] Green, R K, Lee H. Age, demographics, and the demand for housing, revisited [J]. Regional Science and Urban Economics, 2016, 61: 86 – 98.

[183] He Z, Shi X, Lu X, Li F. Home equity and household portfolio choice: evidence from China [J]. International Review of Economics & Finance, 2019, 60: 149 – 164.

[184] Huang Y, Chengdong Y. Second home ownership in transitional urban China [J]. Housing Studies, 2011, 26 (3): 423 – 447.

[185] Jonas A. China's urban development in context: variegated geographies of city-regionalism and managing the territorial politics of urban development [J]. Urban Studies, 2020, 57 (3): 701 – 708.

[186] Koh B, Mitchell O, Fong J. Collective investments for pension savings: lessons from singapore's central provident fund scheme [J]. Pensions an International Journal, 2010, 15 (2): 100 – 110.

[187] Kutty N. A new measure of housing affordability: estimates and analytical results [J]. Housing Policy Debate, 2005, 16 (1): 113 – 142.

[188] Lau K, Li S. Commercial housing affordability in Beijing, 1992 – 2002 [J]. Habitat International, 2006, 30 (3): 614 – 627.

[189] Levine M. An analysis of mutual assistance [J]. American Journal of Community Psychology, 1988, 16 (2): 167 – 188.

[190] Li K, Qin Y, Wu J. Recent housing affordability in urban China: a comprehensive overview [J]. China Economic Review, 2020, 59.

[191] Li S. Mortgage loan as a means of home finance in urban China: a comparative study of Guangzhou and Shanghai [J]. Housing Studies, 2010, 25 (6): 857 – 876.

[192] Li S, Zheng Y. Financing home purchase in China, with special reference to Guangzhou [J]. Housing Studies, 2007, 22 (3): 409 – 425.

[193] Li S. Homeownership and housing consumption change in urban

China：Guangzhou under market transition ［J］. Urban Geography, 2016, 38：752 – 770.

［194］ Marais L, Cloete J. Housing policy and private sector housing finance：policy intent and market directions in South Africa ［J］. Habitat International, 2017, 61：22 – 30.

［195］ Marinho N. Fgts：protecting workers and promoting social development in Brazil ［J］. Physical Review A, 2012, 86（3）：9591 – 9598.

［196］ Martins B, Lundberg E, Takeda T. Housing finance in Brazil：institutional improvements and recent developments ［J］. SSRN Electronic Journal, 2011.

［197］ Monkkonen P. Housing finance reform and increasing socioeconomic segregation in Mexico ［J］. International Journal of Urban and Regional Research, 2012, 36（4）：757 – 772.

［198］ Mukhtar M, Amirudin R, Mohamad I. Housing delivery problems in developing countries：a case study of nigeria ［J］. Journal of Facilities Management, 2016, 14（4）：315 – 329.

［199］ Nascimento neto P, Salinas arreortua L. Financialization of housing policies in latin America：a comparative perspective of Brazil and Mexico ［J］. Housing Studies, 2020, 35（10）：1633 – 1660.

［200］ Pereira A LDS. Financialization of housing in Brazil：new frontiers ［J］. International Journal of Urban and Regional Research, 2017, 41（4）：604 – 622.

［201］ Renaud B. The financing of social housing in integrating financial markets：a view from developing countries ［J］. Urban Studies, 1999, 36（4）：755 – 773.

［202］ Ronald R. Contract saving schemes ［J］. International Encyclopedia of Housing & Home, 2012：233 – 242.

［203］ Rosenbaum P, Rubin D. The central role of the propensity score in observational studies for causal effects ［J］. Biometrika, 1983, 70（1）：41 – 55.

［204］ Simeon R. Studying public policy ［M］. Cambridge：Oxford University Press, 2003.

［205］ Shen X, Tsui A K, Zhang Z. Volatility timing in Cpf investment funds in Singapore：do they outperform non-cpf funds? ［J］. Risks, 2019, 7

(4): 106.

[206] Song Q, Li J, Wu Y, Yin Z. Accessibility of financial services and household consumption in China: evidence from micro data [J]. The North American Journal of Economics and Finance, 2020, 53.

[207] Stone M. Shelter poverty: housing affordability among Asian Americans [J]. Institute for Asian American Studies Publications, 1996.

[208] Stone M. What is housing affordability? the case for the residual income approach [J]. Housing Policy Debate, 2006, 17 (1): 151 –184.

[209] Tang M, Coulson N. The impact of China's housing provident fund on homeownership, housing consumption and housing investment [J]. Regional Science and Urban Economics, 2017, 63: 25 –37.

[210] Valen M, Bonates M. The trajectory of social housing policy in brazil: from the national housing bank to the ministry of the cities [J]. Habitat International, 2010, 34 (2): 165 –173.

[211] Vasoo S, Lee J. Singapore: social development, housing and the central provident fund [J]. International Journal of Social Welfare, 2010, 10 (4): 276 –283.

[212] Wai Y, Rodney H. The role of the housing provident fund in financing affordable housing development in China [J]. Habitat International, 2006, 30 (2): 343 –356.

[213] Wang X, Li K, Wu J. A new data source for house price index: the case of China [J]. SSRN Electronic Journal, 2018.

[214] Wang Y, Wang Y, Bramley G. Chinese housing reform in state-owned enterprises and its impacts on different social groups [J]. Urban Studies, 2016, 42 (10): 1859 –1878.

[215] Week in China. Dead money: China's housing provident fund scheme is a mess [R]. Week in China, 2013.

[216] Wei S, Zhang X, Liu Y. Home ownership as status competition: some theory and evidence [J]. Journal of Development Economics, 2017, 127: 169 –186.

[217] Wood G, Ong R. Factors shaping the dynamics of housing affordability in Australia 2001 –06 [J]. Housing Studies, 2011, 26 (7): 1105 – 1127.

[218] Xie S, Chen J. Beyond homeownership: housing conditions, housing support and rural migrant urban settlement intentions in China [J]. Cities, 2018, 78: 76 – 86.

[219] Xu Y. Mandatory savings, credit access and home ownership: the case of the housing provident fund [J]. Urban Studies, 2017, 54 (15): 3446 – 3463.

[220] Yang Z, Chen J. Housing affordability and housing policy in urban China [M]. London: Springer, 2014.

[221] Yang Z, Fan Y, Wu J. Informal borrowing and home purchase: evidence from urban China [J]. Regional Science and Urban Economics, 2017, 67: 108 – 118.

[222] Yeung S, Howes R. The role of the housing provident fund in financing affordable housing development in China [J]. Habitat International, 2006, 30 (2): 343 – 356.

[223] Zhang J, Huang J, Wang J, Guo L. Return migration and Hukou registration constraints in Chinese cities [J]. China Economic Review, 2020, 63.

[224] Zhang S, Hou C, Chen J. Homeownership, city integration, and the sense of happiness of migrants in urban China [J]. Frontiers of Business Research in China, 2019, 13 (1): 1 – 20.

[225] Zhang X. The restructuring of the housing finance system in urban China [J]. Cities, 2000, 17 (5): 339 – 348.

[226] Zhou X. A quantitative evaluation of the housing provident fund program in China [J]. China Economic Review, 2020, 61.